D1831567

रज़ा
पुस्तक माला

चुप्पी की गुहा में शंख की तरह

आलोचना

रज़ा फ़ाउण्डेशन | THE RAZA FOUNDATION

चुप्पी की गुहा में शंख की तरह

चन्द्रकान्त देवताले की कविताओं पर एकाग्र निबन्ध

प्रभात त्रिपाठी

राजकमल प्रकाशन

रज़ा पुस्तक माला : **आलोचना**
प्रधान सम्पादक : अशोक वाजपेयी | सम्पादक : पीयूष दईया
राजकमल प्रकाशन प्रा.लि. और रज़ा फ़ाउण्डेशन का सह-प्रकाशन

ISBN : 978-93-88753-20-3

मूल्य : ₹350

© प्रभात त्रिपाठी

पहला संस्करण : 2019

प्रकाशक : राजकमल प्रकाशन प्रा. लि.
1-बी, नेताजी सुभाष मार्ग, दरियागंज
नई दिल्ली-110 002

शाखाएँ : अशोक राजपथ, साइंस कॉलेज के सामने, पटना-800 006
पहली मंज़िल, दरबारी बिल्डिंग, महात्मा गांधी मार्ग, इलाहाबाद-211 001
36 ए, शेक्सपियर सरणी, कोलकाता-700 017

वेबसाइट : www.rajkamalprakashan.com
ई-मेल : info@rajkamalprakashan.com

मुद्रक : यश प्रिंटोग्राफिक्स
नोएडा-201 301 (उत्तर प्रदेश)

CHUPPI KI GUHA MEIN SHANKH KI TARAH
Criticism by Prabhat Tripathi

इस पुस्तक के सर्वाधिकार सुरक्षित हैं। प्रकाशक की लिखित अनुमति के बिना इसके किसी भी अंश की, फ़ोटोकॉपी एवं रिकॉर्डिंग सहित इलेक्ट्रॉनिक अथवा मशीनी, किसी भी माध्यम से अथवा ज्ञान के संग्रहण एवं पुन:प्रयोग की प्रणाली द्वारा, किसी भी रूप में, पुनरुत्पादित अथवा संचारित-प्रसारित नहीं किया जा सकता।

विष्णु खरे की स्मृति को

आमुख

अशोक वाजपेयी

आमुख

कलाओं में भारतीय आधुनिकता के एक मूर्धन्य सैयद हैदर रज़ा एक अथक और अनोखे चित्रकार तो थे ही उनकी अन्य कलाओं में भी गहरी दिलचस्पी थी। विशेषतः कविता और विचार में। वे हिन्दी को अपनी मातृभाषा मानते थे और हालाँकि उनका फ्रेंच और अँग्रेज़ी का ज्ञान और उन पर अधिकार गहरा था, वे, फ्रांस में साठ वर्ष बिताने के बाद भी, हिन्दी में रमे रहे। यह आकस्मिक नहीं है कि अपने कला-जीवन के उत्तरार्द्ध में उनके सभी चित्रों के शीर्षक हिन्दी में होते थे। वे संसार के श्रेष्ठ चित्रकारों में, २०-२१वीं सदियों में, शायद अकेले हैं जिन्होंने अपने सौ से अधिक चित्रों में देवनागरी में संस्कृत, हिन्दी और उर्दू कविता में पंक्तियाँ अंकित कीं। बरसों तक मैं जब उनके साथ कुछ समय पेरिस में बिताने जाता था तो उनके इसरार पर अपने साथ नवप्रकाशित हिन्दी कविता की पुस्तकें ले जाता था : उनके पुस्तक-संग्रह में, जो अब दिल्ली स्थित रज़ा अभिलेखागार का एक हिस्सा है, हिन्दी कविता का एक बड़ा संग्रह शामिल था।

रज़ा की एक चिन्ता यह भी थी कि हिन्दी में कई विषयों में अच्छी पुस्तकों की कमी है। विशेषतः कलाओं और विचार आदि को लेकर। वे चाहते थे कि हमें कुछ पहल करनी चाहिये। २०१६ में साढ़े चौरानवे वर्ष की आयु में उनकी मृत्यु के बाद रज़ा फ़ाउण्डेशन ने उनकी इच्छा का सम्मान करते हुए हिन्दी में कुछ नयी क़िस्म की पुस्तकें प्रकाशित करने की पहल *रज़ा पुस्तक माला* के रूप में की है, जिनमें कुछ अप्राप्य पूर्व प्रकाशित पुस्तकों का पुनर्प्रकाशन भी शामिल है। उनमें गाँधी, संस्कृति-

चिन्तन, संवाद, भारतीय भाषाओं से विशेषत: कला–चिन्तन के हिन्दी अनुवाद, कविता आदि की पुस्तकें शामिल की जा रही हैं। सभी पुस्तकों पर रज़ा साहब और उनके समकालीन मित्र चित्रकारों आदि की प्रतिकृतियाँ आवरणों पर होंगी।

आलोचना सच्चा–गहरा साहचर्य भी होती है। हिन्दी कवि चन्द्रकान्त देवताले और कवि–आलोचक प्रभात त्रिपाठी सिर्फ़ कविता में सहचर नहीं थे, मुक्तिबोध को लेकर सहचर–पाठक नहीं थे, वे कई बरस भौतिक रूप से साथ रहे थे। यह पुस्तक उस साहचर्य का किंचित् विलम्बित प्रतिफल है। हमें विश्वास है कि चन्द्रकान्त देवताले की कविता को समझने में इसकी निर्णायक भूमिका होने जा रही है। *रज़ा पुस्तक माला* में इसे प्रस्तुत करते हुए हमें प्रसन्नता है।

अशोक वाजपेयी

दिसम्बर २०१८, नयी दिल्ली

प्रस्तावना

चन्द्रकान्त देवताले की सर्जनात्मकता बहुआयामी और विविधवर्णी है। उसे पढ़ते हुए, उस पर किसी एकरैखिक सार की तरह सोचना, सम्भव ही नहीं हो पाता। ख़ासकर तब, जब पाठक उसे अपने आस्वाद और अनुभव की उत्कट निजता में पढ़ रहा हो। वह सुझाने, रिझाने या समझाने-बुझाने वाली कविता से भिन्न, अन्तरात्मिक और ऐन्द्रिक अनुभूति की एक ऐसी कविता है, जो अपनी लयात्मक विविधता से, सामान्य शब्दों, रोज़मर्रा की घटनाओं, स्थिरबुद्धि, सीमित विचारों और आधुनिक तथा प्राचीन काव्य संस्कारों का कायाकल्प करती सी लगती है। उसे पढ़ने के दौरान, मैं यह लगातार महसूस करता रहा हूँ, कि ठण्डी वस्तुपरकता के साथ, उस पर विचार करना मेरे लिए कभी सम्भव नहीं हो पाता है। इस अर्थ में, इन निबन्धों को आत्मपरक निबन्ध ही कहा जा सकता है। ये निबन्ध, एक ऐसे कवि के रचना-संसार से जुड़े हैं, जो असम्भव आत्मविस्तार के निरन्तर प्रयत्नों का कवि है। इस लिए इन निबन्धों में भी, आस्वादक आत्म की दुनिया से कहीं, बहुत बड़ी और गतिमान दुनिया गतिशील है। इससे एक रागात्मक जुड़ाव सहज ही सम्भव हो सकता है, या शायद होता ही है, क्योंकि यह साधारण मनुष्य के रोज़मर्रा के अनुभवों और उसके पास पड़ोस की दुनिया ही है।

चन्द्रकान्त देवताले स्वभाव-कवि है। कविता उसके अस्तित्व का अविभाज्य हिस्सा है। उसकी कविता के गुणों और विशेषताओं को चाहे, जैसी भी श्रेणियों के आधार पर समझने-समझाने की कोशिश की जाय, वे, उसे कविता के भीतर, अपने को और अपने संसार को खोजते रहने की

अनथक यात्राओं के दौरान ही प्राप्त हुई है। इसी विशेष अर्थ में उसकी सृजनात्मकता में विद्यमान और गतिमान दुनिया, सिर्फ़ सामयिक यथार्थ के विवरणों, घटनाओं और प्रसंगों से रचित नहीं है, बल्कि उस ऊर्जा से रची गयी है, जो उसकी अनुभूति, स्मृति, कल्पनाशीलता और खरी संवेदना की ऊर्जा है। यह आकस्मिक ही नहीं है, कि उसकी कविता में, सामयिक वास्तव की दुनिया भी, एक ऐसी लयात्मकता में हमारे अनुभव का हिस्सा बनती है, कि उसे हम स्वत:स्फूर्त ढंग से अपनी सर्जनात्मक कल्पना की मुक्त बिम्बात्मकता और व्यंजकता में पढ़ते रहने का ऐसा अवसर और अवकाश पाते हैं, कि हम स्वयं एक स्तर पर, अपनी ही सर्जनात्मकता के रूबरू होने लगते हैं। पाठक पर इस तरह का प्रभाव सम्भव ही इसलिए हो पाता है, कि उसके स्वभाव, संस्कार और संवेदना के रस्ते ही रचे गये 'विषयों' को, पाठक महज़ विषय विवेचन के पद्यीकरण की तरह नहीं, बल्कि एक शामिल व्यक्ति की तरह ही देख–सुन पाता है। किसी विषय को या किसी यथार्थ प्रसंग को 'रचने' के लिए जिस उत्कट हिस्सेदारी की ज़रूरत होती है, वह उत्कटता और वह जुड़ाव, निरी पेशेवर चीज़ नहीं है। वह आत्मेतर संसार के साथ, कवि के एक ऐसे सघन सान्द्र और विशिष्ट रिश्ते का परिचायक है, कि जो रिश्ता, कवि अपनी भाषा के साथ बनाता है, लेकिन किसी भी अर्थ में यह एक बनावटी रिश्ता नहीं होता। यह एक संस्कारवन्त और संवेदनागर्भित रिश्ता है, जिसमें कवि के 'ज्ञान' या 'विचार' से कहीं ज़्यादा ज़रूरी योगदान, उसकी कल्पना और संवेदना का होता है। इसी ख़ास अर्थ में, मैं उसे स्वभाव, संस्कार, संवेदना और कल्पना का कवि कह रहा हूँ , कि उसकी वैचारिक प्रतिबद्धता भी, इन्हीं रस्तों पर चल कर उसे हासिल हुई है, और इसी ख़ास अर्थ में वह ग़ैरकिताबी, बल्कि ग़ैरबुद्धिजीवी कवि है।

उसकी कविता के संस्कार और उसके जीवन के संस्कार भी, हिन्दी की देशज कविता और लोकजीवन के संस्कार हैं। यही नहीं, उसकी कविता में प्राय: सर्वत्र सक्रिय प्रकृति भी, उसकी सर्जनात्मकता के देशज संस्कारों को ही जीवित करती है। कहा तो यह भी जाना चाहिए कि उसकी आधुनिकता भी, इस देश की संस्कृति और इतिहास से आयत्त की गयी आधुनिकता है। उसे साम्प्रतिकता की निरी ऐतिहासिक अवधारणा से जोड़कर पढ़ना, कतई नाकाफ़ी है। बेशक यह सच है, कि वह हमारे

समय में सर्वत्र उजागर पूँजीवादी पश्चिमीकरण के द्वारा, क्रूरता से जारी दमन, शोषण और अत्याचार की, ख़तरनाक वास्तविकता की क्रूरतम सच्चाइयों से बेख़बर नहीं है, बल्कि शायद इस क्रूरता को निजी अनुभवों की बेचैनी में पहचानने वाला एक अद्वितीय पक्षधर कवि है, लेकिन यह बात भी वह जानता है, कि कविता के मोर्चे पर किये जाने वाले सृजनात्मक संघर्ष में, इकहरे नकार, अस्वीकार और स्वीकार की भाषा की, कोई सार्थक प्रासंगिकता कभी नहीं रही है, क्योंकि कोई भी सार्थक कविता किसी बीमारी के फौरी इलाज की हिकमत भर नहीं होती।

उसकी कविता के रचाव में आदिमता और देशज आधुनिकता की अनुगूँजें ही नहीं, बल्कि मानवीय और पारिवारिक रिश्तों की एक गझिन दुनिया है। ऐसी दुनिया, जो अपने खुलेपन में, एक तरफ़ तो हिन्दी के काव्य संस्कारों को, स्वाभाविक अनुभूत्यात्मक लय में मूल्यानुभूति की तरह ग्रहण करती है, पर दूसरी तरफ़ उसमें इन्हीं काव्य संस्कारों को रूढ़ियों के स्तर पर सक्रिय बनाये रखने वाले सूत्रों और विचारों का आक्रामक अस्वीकार भी है। मुक्तिबोध के शब्दों में, यह जड़ीभूत सौन्दर्याभिरुचि को पोसनेवाले काव्य संस्कारों का ही अस्वीकार है। उसकी कविता की समावेशी संरचना में, इस अस्वीकार के सकारात्मक रूप को सहज ही लक्ष्य किया जा सकता है, जहाँ वे शब्दों और मुहावरों का ऐसा विनियोजन रचते हैं, जो सतही पारम्परिक दृष्टि से काव्योचित नहीं भी लग सकता है, पर जिनका प्रभाव पाठक पर गहराई से पड़ता है। दूसरे शब्दों में, आधुनिक पूँजीवादी सभ्यता को पोसनेवाली रक्षणशीलता की एक ऐसी आलोचना भी, उसकी कविता में शुरू से ही सक्रिय रही है, कि जो रक्षणशीलता, संस्कारों और परम्पराओं की ओट में, पूँजीवादी यथास्थिति को ताक़तवर बनाये रखने का काम ही करती रही है। यह निःसंकोच कहा जा सकता है, कि अनुभूति और प्रकृति की भाषा में अपनी सृजनशीलता को गतिमान बनाये रखने वाले कवि देवताले, मूल्यानुभूति के स्तर पर पारिवारिकता और स्थानिकता के ऐसे रूपों का सृजन करते हैं, कि जो रूप, अपनी अनगढ़ पर सहज सम्प्रेष्य व्यंजकता में, किसी स्थान या विशिष्ट देशकाल में ही बँध कर नहीं रहते, ख़ासकर इस कारण, कि वे कविता जैसी सार्वभौमिक और सार्वकालिक विधा में विन्यस्त हैं।

चन्द्रकान्त देवताले पर लिखे गये इन निबन्धों में मैंने इस बात की कोशिश

की है, कि अपने आस्वाद के अनुभवों को इस तरह लिख सकूँ, कि उनकी रचना के मुक्त विन्यास को, पाठक अपनी तरह से पढ़ने का खुला अवकाश पा सकें। इसीलिए पहले ही निबन्ध में, मैंने चन्द्रकान्त के व्यक्तित्व पर निजी संस्मरणों की भाषा में लिखने की कोशिश की है। यों तो उसके साथ बहुत लम्बे समय तक रहने का अवसर मुझे नहीं मिला, लेकिन संक्षिप्त साथ की अवधि के दौरान भी, मैंने हमेशा यही पाया, कि वह संवेदनशील और कल्पनाशील व्यक्ति है, और उसके पास लोक-जीवन से जुड़ाव की ऐसी स्मृतियाँ हैं, जो उसकी रचनात्मक जिजीविषा को हमेशा गतिशील बनाये रखती है। उसके स्वभाव में सतत् सक्रिय कविता ने ही, उसके व्यक्तित्व को पारिवारिकता और वैश्विकता के ऐसे संस्कार और विचार दिये हैं, कि वह आज के मनुष्य के सुखों और दुखों को ही नहीं, बल्कि आधुनिक पूँजीवादी सभ्यता के विकराल संकट को, उनके सगुण साकार रूपों में दर्ज कर सके। ये सगुण साकार रूप देखे-सुने के चतुर दस्तावेज़ीकरण से बिलकुल ही अलग, उसके खरे आवेग की बेचैनी से सृजित, उसके होने के विस्तार के ज्वलन्त साक्ष्य हैं। अलंकरण के सतहीपन की जगह, ऐसे रूपों में निजी अनुभव की जीवन्तता, प्राणधारा की तरह प्रवाहित होती रहती है। ठीक बाद के निबन्ध में, जो मूलत: विष्णु खरे के आग्रह के कारण ही लिखा गया था, मैंने उसके स्वभाव, संवेदना, संस्कार के विविध भाषिक रूपों को रेखांकित करते हुए, यही स्पष्ट करने की कोशिश की है, कि उसकी पक्षधरता और प्रतिबद्धता मूलत: कविता के प्रति है, और उसे किसी अवधारणा या रैखिक वैचारिकता के रूप में, आधा-अधूरा ही पहचाना जा सकता है। बच्चों और स्त्रियों पर उसने बीसियों कविताएँ लिखी हैं, लेकिन उसकी हर कविता में, उसकी जीवनासक्ति के एक बिलकुल ही नये आयाम को लक्ष्य किया जा सकता है। सम्भवत: यही कारण है, कि शिल्प सतर्कता की अनुपस्थिति के बावजूद, उसकी रचनाओं में, शिल्प की विविधता है, लेकिन यह शैल्पिक युक्तियों के कुशल इस्तेमाल की वजह से नहीं, बल्कि अन्दरूनी रचनात्मक दबावों की स्वत:स्फूर्त गतिकी के कारण ही सम्भव हो सका है। बच्चों और स्त्रियों के प्रति उसके कंसर्न का महत्त्व, उनके शिल्प और वस्तु की विविधता तक ही सीमित नहीं है। उसकी सामाजिक, राजनीतिक प्रतिबद्धता ही नहीं, उसकी अस्ति-चिन्ताओं के लोकरंजित स्वरूप की जड़ें भी, स्त्रियों बच्चों और रिश्तों की एक गझिन दुनिया के साथ, उसके

संवेदनागर्भित लगाव में ही ढूँढ़ी जा सकती हैं।

समकालीन राजनीति के साथ चन्द्रकान्त देवताले का रिश्ता और उस सन्दर्भ में उसकी दो टूक पक्षधरता, यों तो ज़रूरी मुखरता के साथ, उसकी कविताओं में उजागर है, लेकिन उसे किसी विचार की एकल धारा के रूप में पढ़ना, उसमें अन्तर्निहित आस्तित्विक अनुभवों की साकारता को धुँधला करने जैसा भी साबित हो सकता है। आशय यह नहीं, कि मार्क्सवादी विचारधारा के उसके घोषित, अघोषित स्वीकार में कहीं कोई हिचकिचाहट है, बल्कि यह, कि उससे समृद्ध हुई अपनी काव्य-दृष्टि के माध्यम से, वह एक ऐसा रचनात्मक संसार रचता है, जिसके बारे में, मुक्तिबोध के शब्दों का इस्तेमाल करते हुए, यही कहना अर्थवान् और मूल्यवान् लगता है, कि इसका सम्बन्ध उस 'मूल मानव न्याय संवेदन' से कहीं अधिक गहरा है, जो उसे संस्कार और विचार के रूप में अपने परिवार और परिवेश से मिला है। आलोचनात्मक विवेक से रचित उसकी कविता के विन्यास में बहुत सारी ऐसी विशेषताएँ हैं, जिन्हें एक ही पाठ में पा सकना मुश्किल है। वास्तव में उसमें जटिलता की अनेक तहें हैं, जिन्हें धैर्यपूर्वक उघारते हुए ही, उसकी नानार्थी व्यंजकता को हासिल किया जा सकता है।

उसकी कविता महज़ 'दूसरों' की आलोचना की कविता नहीं है। ऐसी बीसियों कविताएँ हैं, जहाँ वह अपने भीतर जारी गहन आत्मालोचन को तरह तरह के काव्य-रूपों में व्यक्त करता है। इस तरह की आत्मालोचना में, कहीं भी रंचमात्र आत्मदया की झलक नज़र नहीं आती। उल्टे कहीं-कहीं तो ऐसा लगता है, कि यह अपने होने को देखने की अस्तिचिन्ताओं का ही एक रूप है। इसी तरह उसकी प्रेम कविताओं में भी, एक ओर तो अतियथार्थवादी विन्यास में हम उसकी कामजता का एक सुघड़ कलारूप देखते हैं, दूसरी ओर हम सहज भाव से यह भी लक्ष्य करते हैं, कि इन प्रेम कविताओं में, एक तरह की संस्कारी पारिवारिकता भी, जीवन्त रूप से विन्यस्त है। वास्तव में चन्द्रकान्त देवताले हिन्दी के उन बिरले कवियों में से हैं, जिन्होंने इस पूरे इहलोक के सारे मानवीय अनुभवों को दर्ज़ करने की अपनी ज़िद में, असम्भव आत्मविस्तार की अपूर्व सर्वाश्लेषी कविता लिखने की कोशिश ही की है।

इस किताब में संकलित ये सारे निबन्ध हिन्दी की विभिन्न पत्र-पत्रिकाओं

में प्रकाशित हो चुके हैं। पहले दो निबन्ध तो, अभी हाल में ही 'अनहद' और 'इन्द्रप्रस्थ भारती' में छपे हैं। जैसा कि मैंने पहले भी उल्लेख किया है, यह दूसरा निबन्ध, मैंने विष्णु खरे के पुरजोर आग्रह के कारण ही लिखा था। उस दौरान उनसे बातें भी बहुत हुई थीं। मेरी इच्छा तो यह भी थी, कि चन्द्रकान्त पर लिखे गये निबन्धों की भूमिका भी वे ही लिखते। नियति को यह मंज़ूर नहीं था। विष्णु खरे, चन्द्रकान्त के अन्तरंग मित्र थे। चन्द्रकान्त के ज़रिये ही मेरा परिचय विष्णु से हुआ था। दोनों की प्रेरक स्मृति को मैं प्रणाम करता हूँ।

प्रभात त्रिपाठी
११ दिसम्बर २०१८, रायगढ़

क्रम

मेरी स्मृति में : चन्द्रकान्त देवताले

चन्द्रकान्त के जाने का दुख अभी हरा है। इसीलिए यह भी लगता है कि अभी तरतीब से, संस्मरणों की भाषा में, उसके बारे में लिख पाना, शायद मेरे लिए सम्भव नहीं होगा, या फिर अगर असम्भव नहीं, तो काफ़ी मुश्किल होगा, मेरे लिए यह बताना, कि जिस रूप में जाने के बाद भी वह मेरे भीतर बचा हुआ है, वह रूप, शब्दों में क्या या किस तरह का हो सकता है। उसकी कई छवियाँ हैं मन में, कई प्रसंगों से जुड़ी, साधारण आदमी के जीवन के दुखों और सुखों से भरी उसकी ज़िन्दगी में, ऐसा कुछ भी सनसनीखेज या चमत्कारिक नहीं था, जिसे अविस्मरणीय घटना की तरह याद कर सकूँ, लेकिन जब सोचता हूँ, तो अन्यों के समान अपने जीवन में, सामान्य लगते हुए भी, वह एक असाधारण कवि की तरह याद आता है। वह कविता ही थी, जिसके कारण हम एक-दूसरे के नज़दीक आये थे। उसका कवि रूप, उसके रोज़मर्रा के व्यक्तित्व में ही नज़र आता था। कविता उसके लिए महज़ कोई रंजनकारी विधा नहीं थी। उसके सुख-दुख, उसका प्रेम और उसकी नफ़रत, उसकी दोस्ती, उसका पारिवारिक जीवन, उसकी अदम्य पक्षधरता और उसकी स्पष्ट और प्रखर वैचारिक प्रतिबद्धता, भारत के और दुनिया के शोषितजनों के साथ उसका संवेदनात्मक और वैचारिक लगाव, सब जैसे उसके रोज़मर्रा के जीवन में ही देखे जा सकते थे। लगभग उसी उत्कटता के साथ दोनों उसकी कविता में भी क्रियाशील थे। अपनी पसन्द-नापसन्द के मामले में वह दो-टूक कहने वाला खरा इनसान था। वह एक ऐसा कवि था, जिसके लिए जीने का हर पल कविता का विषय था और इसीलिए जब उसके साथ गुज़रे वक़्त को याद करने की कोशिश कर रहा हूँ, तब सबसे पहले यही बात याद आ रही

है, कि मुझसे साधारण बात करते समय भी, पूरे सेंस ऑफ़ ह्यूमर, अन्तरंगता और विट के साथ, एक तरह की विचित्र पद्यात्मकता के मुहावरे में ही वह मुझसे बात करता था। अगर वह खुलकर बात कर रहा है, यानी ऐसे किसी मित्र के साथ बात कर रहा है, जो उसके अन्तरंग का साझीदार है, तो उसकी बोलचाल की भाषा में ही जैसे किसी अन्तरंग कविता की पुकार शामिल हो जाती थी।

और आज वह इतनी दूर चला गया है, कि उसकी वे बातें अब मैं कभी नहीं सुन पाऊँगा, यह सोचना ही मेरे लिए कष्टदायी हो जाता है। यह इतने अजीब तरह का दुख है, कि जिसके चलते इन दिनों कुछ भी करने-धरने का मन नहीं करता। बेशक उसके जाने के बाद, मेरे निजी जीवन में भी एक ऐसा रीतापन आ गया है, जिसे भर सकना, मुझ जैसे लगभग निठल्ले आदमी के लिए अगर असम्भव नहीं, तो बहुत मुश्किल ज़रूर है।

चन्द्रकान्त के साथ महीने-दो महीने में बातचीत होती ही थी। अक्सर इस बात पर वह थोड़ा नाटकीय ग़ुस्सा प्रगट करता था, कि मैं अपनी तरफ़ से उसे एकदम ही कभी-कभार फ़ोन करता हूँ, जबकि उसका फ़ोन मेरे पास कम से कम दो महीने में एक बार आता ही था। मैं यहाँ की, यानी अपने शहर की ज़िन्दगी में अपने दोस्तों के बीच व्यस्त तो रहता था, इसलिए अक्सर मैं चाहकर और सोचकर भी कई बार उससे बात नहीं कर पाता था। ऐसी स्थितियों में कई बार वह मेरे ठीक सामने रहने वाली मेरी एक छात्रा भूमिका गुप्ता को भी फ़ोन लगा दिया करता था। इस लड़की से उसका परिचय मेरे ज़रिये ही हुआ था। दोनों कभी एक-दूसरे से मिले नहीं थे। पर फ़ोन पर कभी-कभार की उसकी बातचीत से भूमिका उससे इतने भीतर से जुड़ गयी थी, कि वह भी अक्सर कई बार मुझसे, उसके बारे में पूछती थी, कि देवताले अंकल से बात हुई थी क्या? कई बार जब चन्द्रकान्त का फ़ोन मैं रिसीव नहीं कर पाता था, तो वह उसको फ़ोन लगा देता और कहता, कि तुम्हारे अंकल बहुत कंजूस हैं। कभी अपनी तरफ़ से फ़ोन नहीं लगाते। उनसे कहना कि उनके फ़ोन का ख़र्च देवताले अंकल उठा लेंगे। ऐसे फ़ोन के बाद, भूमिका जब मुझे बताती कि देवताले अंकल का फ़ोन आया था और वे शिकायत कर रहे थे, तो मैं कुछ नहीं कहता था, पर मेरे फ़ोन नहीं करने पर, उसे मेरी याद आती थी, यह महसूस करना मुझे बहुत सन्तोष देता था, कि कोई बड़ा कवि तो है, जो मेरी बातों की ज़रूरत महसूस करता है।

वास्तव में चन्द्रकान्त देवताले गहरे अर्थ में एक पारिवारिक व्यक्ति था। उसकी बातचीत में उसके पारिवारिक अनुभव ही रचे-बसे होते थे। वह साधारण जीवन की गतिविधियाँ, रोज़मर्रा के कामकाज और बुनियादी जन समस्याओं के बारे में अत्यन्त आत्मीयता के साथ लोगों से बातें करता था। पर बातूनी व्यक्ति नहीं था। उसी से उसकी खुलकर बातचीत होती थी, जिनसे अन्तरंगता होती थी और कवियों, लेखकों के बीच उसी से उसकी ज़्यादा अन्तरंग बातचीत होती थी, जो साधारण जीवन के संघर्ष और सुख-दुख के पक्षधर कवि हैं। महान्, विद्वान, सूक्ष्म, अद्वितीय की तलाश में लगे लेखकों-कवियों के बीच वह चुप्पा ही बना रहता था। वास्तव में वह बहुत गहरे अर्थ में अभी और यहाँ की मानवीयता के पक्ष का कवि था। उसका यही रूप मेरे हृदय में बसा हुआ है।

•

चन्द्रकान्त से मेरी पहली मुलाक़ात पटना के एक साहित्यिक सम्मेलन में सन् १९७० में हुई थी। इसमें नामवर जी, ज्ञानरंजन, अशोक वाजपेयी, दूधनाथ सिंह, कमलेश्वर, रवीन्द्र कालिया, विष्णु खरे के अतिरिक्त धूमिल जैसे उस समय के बहुचर्चित कवि भी शामिल थे। उन सबके बीच, ओड़िशा से आये मुझ जैसे अनाम लेखक की मौजूदगी नगण्य थी, (वैसे आज भी नगण्य है, कारण शायद मेरे अपने लेखन में ही मौजूद हो) और मुझे इस बात का पूरा अवकाश था, कि मैं इन बड़े कवियों, लेखकों को ध्यान से सुनूँ-गुनूँ और समझने की कोशिश करूँ। वैसे चन्द्रकान्त से मिलने के पहले पत्र-पत्रिकाओं में मैंने उसकी कुछ कविताएँ पढ़ी थीं और मन में तब से उससे मिलने की इच्छा हो गयी थी, क्योंकि मुझे लगा था, कि वह अलग तरह का कवि है। उसकी कविता में अगर प्रखरता है, तो यह उसके भीतर के अन्दरूनी खरेपन की वजह से ही है। वह अगर गद्य में भी कुछ लिखता, बोलता दिखायी देता है, तो उसकी भाषा में एक तरह की आनुभूतिक गरमाहट महसूस होती है।

इस पटना समारोह में ही उसे सुनने का पहला अवसर मिला था। आज यह तो याद नहीं आ रहा, कि वह किस विषय पर बोल रहा था, लेकिन यह बहुत अच्छे से याद है, कि उसमें कविता के पण्डों, पुरोहितों की प्रखर और

दिल से निकलने वाली आलोचना थी। समकालीन कविता के कवियों की प्रासंगिकता को और प्रखरता को रेखांकित करने वाले उसके वक्तव्य में एक बेलागलपेट आक्रामकता तो थी ही, इस बात की पूरी चौकसी भी थी, कि उसकी भाषा में अन्तर्निहित आलोचना, उसके दिल-दिमाग़ में हमेशा सक्रिय उसकी स्वाभाविक जनोन्मुखता को भी व्यंजित करती रहे।

चन्द्रकान्त से इस पहली मुलाक़ात के बाद, हम दोनों का जो सम्बन्ध बना, वह एक तरह से घरेलू और पारिवारिक सम्बन्ध ही बन गया। इसके बाद उससे लगातार कई मुलाक़ातें हुईं। ख़ासकर भोपाल में। उन दिनों वहाँ मैं भगवत रावत के घर ही ठहरा करता था। विष्णु और चन्द्रकान्त पाटील की तरह भगवत से भी उसके सम्बन्ध बेहद अन्तरंग थे। कई बार ऐसा भी हुआ था, कि हम सब इकट्ठे भी भोपाल में मिले थे। हमारी महफ़िलें उस तरह से 'साहित्यिक' महफ़िलें नहीं होती थीं, कि पूरे वक़्त हम कला और कविता की बखिया उधेड़ते रहें। अतिसूक्ष्मदर्शिता से हम सभी थोड़ा बिदकते थे, और वैचारिक और भावनात्मक दोनों स्तरों पर, राजनीतिक, सामाजिक, सचेतनता के पक्षधर थे। चन्द्रकान्त शायद हम सब में सबसे ज़्यादा और तीव्र संवेदनात्मकता के साथ, अपनी जनोन्मुख पक्षधरता को, ऐसी महफ़िलों में सामने रखता था, जबकि इस मामले में मैं ख़ुद को सबसे ज़्यादा ढुलमुल नज़र आता था। पर थोड़ी-बहुत वैचारिक असहमति के बावजूद, मेरे और चन्द्रकान्त के बीच कोई गहरी दरार कभी नहीं आयी।

सन् सत्तर के नन्द किशोर नवल के पटना के उस आयोजन के बाद, हमारी दूसरी मुलाक़ात, भोपाल में उत्सव ७३ में हुई थी। यह अशोक वाजपेयी द्वारा आयोजित कार्यक्रम था। इसमें भी ढेर सारे नामी-गिरामी और ढेर सारे नवोदित लेखकों ने हिस्सा लिया था। इनमें शायद चन्द्रकान्त भी था। शायद इसलिए, कि इस समय की कोई ऐसी बात याद नहीं आ रही, जो अलग से, उसके और मेरे साथ की बात याद दिलाये। यह ज़रूर लगता है, कि इसी समय के आसपास उससे मेरी घनिष्ठता बढ़ गयी थी। इसी दौरान या इसके साल-डेढ़ साल बाद, या पहले, प्रसन्न कुमार ओझा द्वारा सम्पादित 'आवेग' नामक पत्रिका निकली थी। उन दिनों निकलनेवाली छोटी साहित्यिक पत्रिकाओं में यह एक महत्त्वपूर्ण पत्रिका थी। इसके प्रकाशन का एक प्रमुख प्रेरणास्त्रोत चन्द्रकान्त देवताले भी था। बेशक स्वयं प्रसन्न, एक अच्छे सम्पादक थे, पर वे चन्द्रकान्त की सलाह को बहुत महत्त्व देते थे।

‘आवेग’ पत्रिका की सादगी और सुरुचि सम्पन्नता में ही नहीं, बल्कि उसकी कल्पनाशील और उदार प्रकृति में भी, शायद चन्द्रकान्त देवताले की कल्पनाशीलता क योगदान रहा है।

उन दिनों फ़ोन पर बात करने का ऐसा रिवाज़ तो नहीं था, जैसा इन दिनों है, पर मुझे याद आता है, कि सत्तर के बाद हम दोनों के बीच पत्र–व्यवहार भी कुछ अधिक होने लगा था, हालाँकि उनके कई पत्र मैं सुरक्षित नहीं रख पाया। अभी मुझे अफ़सोस होता है, अपनी लापरवाही पर। हमारा पत्राचार, दो लेखकों के बीच के पत्राचार जैसा तो नहीं होता था, पर कभी–कभी चन्द्रकान्त, इतने ग़ज़ब के सेंस ऑफ़ ह्यूमर से, एक बड़ी ही लच्छेदार भाषा में पत्र लिखता था, कि उस लिखे को बार–बार पढ़ने की इच्छा होती थी। वे पत्र लगभग बोलते हुए से लगते थे। जैसा कि मैंने फ़ोन में उसकी बातचीत की अदाओं के बारे में लिखते हुए बताया है, उसके ख़तों में भी उसी तरह की एक जीवन्तता होती थी और थोड़ी इरादतन लायी गयी रंजक नाटकीयता भी। पर इन सबसे बढ़कर जो बात होती थी, वह था, उसकी बोली में ही रचा–पगा देसीपन। वह एक व्यापक और गहरे अर्थ में ज़मीन से जुड़ा लोकोन्मुख व्यक्ति था, और उसका लेखक उसके इस व्यक्तित्व से कभी भी क़तई अलग नहीं रहा। उसके साथ की सबसे मूल्यवान देन मेरे लिए यही है, कि उससे बातचीत करते हुए मैं कभी अपने को सँभला हुआ और सतर्क महसूस नहीं करता था, जबकि हिन्दी के दूसरे कई बड़े लेखकों से बात करते हुए, मुझे लगातार अपनी बात पर रोक लगाने की ज़रूरत पड़ती रहती है।

जब दो से ज़्यादा लोगों की महफ़िल जमी हो, तो चन्द्रकान्त दो लोगों की किसी तरह की बातचीत में टाँग अड़ाने जैसी हरकत कभी नहीं करता था। अगर, तीन–चार या उससे भी ज़्यादा लोग किसी विषय पर, या सहज भाव से, एकाधिक विषयों पर बात कर रहे हों, और बातचीत तथाकथित अकादेमिक ढंग से गम्भीर विषय पर जारी हो, तब अधिकांशतः चन्द्रकान्त वहाँ चुप्पा ही बना रहता था, और तभी बोलता था, जब उसे लगता था, कि सम्बन्धित विषय पर, बाक़ी लोग उसकी राय जानना चाहते हैं। वास्तव में चन्द्रकान्त बहुत ही अच्छा श्रोता था। सुनते हुए उसे अगर ऊब हो रही हो, और शिष्टता की कोई गम्भीर मजबूरी न हो, तो वह वहाँ से चुपचाप उठ जाता था। छोटी और अन्तरंग महफ़िल में, और हम दोनों के बीच, कभी

कभार होने वाले संवाद में तो, वह पूरे मन से संवादोन्मुख रहता था। साहित्य के गम्भीर सवालों के बारे में तो हम कम ही बात करते थे, पर इधर क्या लिखा जा रहा है, पर बातचीत ज़रूर होती थी। ऐसा नहीं, कि हम दोनों के बीच पूरी वैचारिक सहमति थी। कई ऐसे कवि और लेखक थे, जिनके बारे में हमारी राय एक-दूसरे के बिलकुल विपरीत थी, पर चूँकि मैं आलोचक भी था, (यानी कुछेक लोग ऐसा मानते थे, जबकि मैंने अपने को आस्वादक ही माना है।) इसलिए इस तरह की बातचीत में, मैं ही कुछ अतिरिक्त मुखर रहता था। पर यह भी याद रखना ज़रूरी है, कि अन्तरंग बहसों में भी मुद्दा अगर जनपक्षधरता का है और लोग घुमा-फिराकर उसे तोड़ने-मरोड़ने की कोशिश कर रहे हैं, तो एक तरह के सात्त्विक आक्रोश की आक्रामकता में वह उसका तत्काल विरोध करता था। किसी सभा जैसी जगह में कई लोगों को सम्बोधित करते हुए भी, उसकी बातों का मुख्य बलाघात, साहित्य की जनपक्षधरता पर ही होता था, कविता के स्वरूप और उसकी संरचना पर नहीं। सारांश यह, कि छोटी महफ़िलों की बातचीत में भी, वह अपने वैचारिक और भावात्मक आग्रहों को बड़ी दृढ़ता से व्यक्त करने वाला व्यक्ति था और जब अपनी बात कहता था, तो सुनकर ही लगता था, कि यह एक कवि की भाषा है।

•

उसकी यादों के सिलसिले में उसकी बातचीत के विभिन्न अवसरों को खँगालते हुए, मैं जब लिख रहा हूँ, तो ऐसा भी लग रहा है, जैसे मैं उसी से बात कर रहा हूँ। दरअसल, उससे हुई मुलाक़ातों को, इसी तरह याद करते हुए ही मैं उस पर लिख सकता हूँ। यह इसलिए भी, कि चन्द्रकान्त के बारे में मेरे मन में जो कुछ भी संचित है, वह ऐसी ही संयोगवश हुई मुलाक़ातों पर ही आधारित है। केवल सागर विश्वविद्यालय में शोधकार्य के दौरान, हम एक ही जगह पर रहे थे। पर उस विषय में थोड़ी देर बाद। सागर के अतिरिक्त जिन कई जगहों पर हम मिले थे, उनमें से अधिकांश ऐसी जगहें थीं, जो अशोक वाजपेयी के आयोजनों की जगहें थीं। ज़ाहिर है, कि ये मुलाक़ातें दो-तीन दिन से ज़्यादा के लिए नहीं होती थीं। यह भी कहना चाहिए, कि हमें एक-दूसरे के नज़दीक आने में इन आयोजनों की महत्त्वपूर्ण

भूमिका रही है, वरना ओड़िशा के राउरकेला में ही अधिकांश समय गुज़ारने वाले मुझ जैसे लेखक के लिए इस तरह की मुलाक़ातें सम्भव ही नहीं हो सकती थी। यह स्वाभाविक भी था। चन्द्रकान्त तो बड़े कवि थे, प्रतिष्ठित थे, पर मुझे उन दिनों कोई जानता भी नहीं था, सिवा अशोक वाजपेयी के।

सन् '७३ के आसपास ही, शायद चन्द्रकान्त का पहला काव्य-संग्रह 'हड्डियों में छिपा ज्वर' प्रकाशित हुआ था। तब मुझे अपने प्रिय कवि की बहुत सारी रचनाएँ एक साथ पढ़ने का अवसर मिला था। प्रसंगवश यह उल्लेख भी करना समुचित होगा, कि चन्द्रकान्त की इस किताब की विस्तृत समीक्षा भी मैंने किसी पत्रिका में की थी, और शायद अपनी तरफ़ से मैंने उसमें उसकी कविता की कुछ सीमाओं की ओर भी इशारा किया था। मेरी इस 'रिव्यू' से चन्द्रकान्त काफ़ी ख़ुश हुआ था और उसने मेरी आलोचनात्मक टिप्पणी को भी गम्भीरता से लिया था। इन्हीं दिनों प्रसन्न ओझा द्वारा सम्पादित 'आवेग' में मैंने एकाधिक लेख लिखे थे, और एक तरह से चन्द्रकान्त के तब के निवास स्थान रतलाम से मेरा एक मधुर सम्बन्ध बन गया था।

जब मैं महज़ चन्द्रकान्त लिखकर यह लेख आगे बढ़ा रहा हूँ, तो अचानक ही मुझे एक बात याद आ रही है। एक बार मैंने चन्द्रकान्त को फ़ोन लगाया था और तब पता नहीं कैसे भूल से मैंने उसे देवताले कह दिया था, तो चन्द्रकान्त ने एकदम से बिफर जाने की आवाज़ में कहा था, 'मैं देवताले कब से हो गया?' फिर उसने मुझे अपनी स्नेहिल लच्छेदार भाषा 'खरी खरी' सुनायी थी, उस दिन से भूल से मैंने कभी उसे देवताले नहीं कहा। यह छोटी सी बात है, पर इससे पता चलता है, कि वह ख़ुद हमारे सम्बन्ध को कितनी अलग तरह की भावनात्मकता से देखता था। बाद में तो उसके पूरे परिवार से परिचय हो गया था। मैं सन्'७५ के बाद एक साहित्यिक उत्सव में मिला था। भोपाल में ही। यह उत्सव भोपाल के एक ऐसे भवन में हो रहा था, जहाँ बिलकुल पास ही एक नाले जैसा कुछ था। शायद यह कला परिषद् के पास का नाला था। भवन शायद ग्रन्थ अकादेमी का था। नाले की याद इसलिए है, कि कार्यक्रम के दौरान, थोड़ा बोर होने के बाद, एक बार मैं और चन्द्रकान्त बाहर निकले थे, तो मैंने इस नाले के पानी से ही, पत्थर पर बैठकर गुड़ाखू, गुड़ और तमाखू मिला पेस्ट किया था, और चन्द्रकान्त ने मेरी गन्दी हरकत पर मुझे मीठी डाँट पिलाई थी, पर वह ख़ुद भी खड़ा-खड़ा अपने बटुए से ज़र्दा-चूना निकालकर तमाखू बना रहा था

और उसने वह मुझे भी खिलाई थी।

दरअसल, यह आयोजन एक तरह से इमरजेंसी के समर्थन का सरकारी आयोजन जैसा लग रहा था, हालाँकि यहाँ भी हर आदमी को अपनी बात कहने की पूरी आज़ादी थी। चन्द्रकान्त और मुझे दोनों को साहित्य की स्वायत्तता के विषय में अपने आलेख पढ़ने थे। अपने आलेख में चन्द्रकान्त ने, साहित्यिक स्वायत्तता के विषय के साथ-साथ, अपनी कल्पनाशील खिलंदड़ी भाषा में तत्कालीन आपातकाल में अन्तर्निहित निरंकुशता और तानाशाही की ओर भी इशारे किये थे। आपातकाल की प्रखर आलोचना जितेन्द्र कुमार ने भी अपने अन्दाज़ में की थी। यह भी याद आता है, वहाँ मौजूद अधिकांश वामपन्थी जब आपातकाल के ख़तरे से क़तई अनजान, प्रगतिशीलता की बात कर रहे थे और जब हम उसी नाले के किनारे गुड़ाखू, तमाखू सेवन में लगे थे, तो जितेन्द्र कुमार भी वहाँ आये थे। उन दिनों उनसे मेरी औपचारिक बातचीत ही होती थी, वह भी छठे-छमाहे। उन्होंने हम दोनों को मार्क्सवादी मानते हुए कहा था, 'अरे आप दोनों यहाँ हैं, वहाँ आपके सारे कामरेड तो सत्ता की जय-जयकार करते हुए दिखते हैं। इस आयोजन में चन्द्रकान्त के साथ की याद मुझे एक और रूप में है, हालाँकि मुझे यह ठीक-ठीक याद नहीं है, कि वह घटना इसी आयोजन में घटी थी, या कि किसी और आयोजन में। पर घटी वह भोपाल में ही थी।

साहित्यिक कार्यक्रम के समापन होने के बाद, आमन्त्रित अतिथियों को उस दिन एक रात्रिभोज में शामिल होना था। शायद यह दावत, मध्य प्रदेश के तत्कालीन राज्यपाल द्वारा दी जा रही थी। रसरंजन उस रात थोड़ा ज़्यादा हो गया था। खाने के लिए जब हम भोज में पहुँचे थे, तो वहाँ पहुँचने के कुछ देर बाद, आपसी बातचीत के दौरान हम लोगों ने अचानक ही यह निर्णय ले लिया था, कि हम दोनों इस भोज में शामिल नहीं होंगे। इसी बात की याद करते हुए मुझे लग रहा है, कि यह भोज शायद आपातकाल वाले समय में ही हुआ था। पूरे कार्यक्रम में भाग लेने के बाद, भोज से भागने का यह निर्णय किसी भी अर्थ में कोई अच्छा निर्णय नहीं कहा जा सकता, पर मुख्य घटना, भागने का यह निर्णय नहीं है। मुख्य घटना यह है, कि वहाँ से किसी तरह छिपकर निकलने के बाद, बाहर आते ही हम रास्ता भूल गये थे। कई गलियों जैसी सड़कों पर भटकते रहे थे। रात लगभग दस-ग्यारह बजे उन लगभग सुनसान सड़कों पर भटकते हुए हम वह होटल खोज रहे थे, जहाँ

हम ठहरे थे। रास्ते पर एक भी आदमी हमें नहीं मिला था। बदहवास भटकने के उन बड़बड़ाहट भरे पलों में सारे रास्ते चन्द्रकान्त ने अपना हाथ मेरे कन्धे पर रखा हुआ था। हम किसी तरह भटकते-भटकते नाले तक पहुँचे थे और फिर उसे देखते ही हमने राहत की साँस ली थी। नाले की जगह से, मुख्य सड़क तक पहुँचने का पूरा रोड मैप हमें याद आ गया था, और किसी तरह हाँफते-हाँफते हम अपने होटल वाले कमरे में पहुँच गये थे और कुछ ही पलों में बेखाए ही नींद में धुत्त हो गये थे। मैंने इस घटना का ज़िक्र इसलिए किया, कि बाद में जब हम कई बार मिले, तो हर बार चन्द्रकान्त हमारे झूमते-लड़खड़ाते बदहवास भटकने की उस रात को, अपनी पूरी तफ़सील में याद करता था और कहता था, कि वह आज तक नहीं समझ पाया, कि किस रास्ते से होकर हम अपने होटल पहुँचे थे।

इमरजेंसी के समय के इस आयोजन की बात, मुझे इस तरह से भी याद है, कि मैंने और चन्द्रकान्त ने एक ही सत्र में इसमें अपने-अपने आलेख पढ़े थे। बाद में इस कार्यक्रम की रिपोर्टिंग 'दिनमान' में छपी थी। रिपोर्टिंग के साथ दी गयी तसवीर उसी सत्र की थी। अपने को चन्द्रकान्त देवताले जैसे प्रसिद्ध कवि के साथ देखकर मुझे बहुत ख़ुशी हुई थी। पर उससे भी ज़्यादा रोचक तथ्य एक और भी है। इमरजेंसी के उन दिनों में हमारे एक सहकर्मी और मित्र पड़ोसी प्रो. दयानाथ सिंह को जेल में डाल दिया गया था, क्योंकि प्राइवेट कॉलेज में अध्यापन के साथ-साथ, वे सोशलिस्ट पार्टी (लोहियावादी) के एक सक्रिय स्थानीय कार्यकर्त्ता भी थे। कुछ दिनों के लिए जब वे पैरोल पर छूटकर आये थे, तो मुझसे मिलते ही उन्होंने, तपाक से दिनमान में छपी तसवीर और रिपोर्टिंग का ज़िक्र किया था, कि जेल में उन्होंने यह समाचार पढ़ा था। पर प्रासंगिक बात यह है, कि अपनी बातचीत में उन्होंने ख़ास तौर पर चन्द्रकान्त के विचारों का ज़िक्र किया था, जो 'दिनमान' में सारांश की तरह छपे थे। फिर मुझसे यह आग्रह भी किया था, कि हिन्दी के किसी कार्यक्रम में, चन्द्रकान्त देवताले को राउरकेला ज़रूर बुलाया जाय। बरसों बाद, एक बहुभाषी काव्यपाठ के कार्यक्रम में, चन्द्रकान्त राउरकेला आया ज़रूर था, पर उस समय प्रो. सिंह से उसकी मुलाक़ात नहीं हो पायी थी।

सन् '७५ के आपातकाल के बाद, सन् '७८ में ही चन्द्रकान्त से फिर मुलाक़ात हुई थी। वहीं भोपाल में। इस बार मेरे साथ अक्षय उपाध्याय भी

थे, जो उन दिनों अपनी कविताओं और अपनी पत्रिका 'अर्थात्' के लिए जाने जाते थे। हमें काव्यपाठ के लिए भोपाल आमन्त्रित किया गया था। अक्षय की चन्द्रकान्त से यह पहली मुलाक़ात थी और मुझे इस बात की ख़ुशी हो रही थी, कि मेरा एक दोस्त दूसरे दोस्त से ऐसे मिल रहा था, जैसे दोनों के बीच बरसों का नाता हो। उन दो दिनों के भोपाल निवास में वे एकदम ही अन्तरंग हो गये थे, इतने कि इसके बाद कई अन्य अवसरों पर न सिर्फ़ उनकी मुलाक़ात होती रही, बल्कि यह कि अक्षय के देहान्त के कुछेक महीने पहले हम दोनों फिर, चन्द्रकान्त से उसके इन्दौर वाले घर में मिले थे। मैं उन दिनों भोपाल में साहित्य परिषद् में सचिव था और किसी कार्यक्रम में मैंने अपने राउरकेला के दो मित्रों माधव सिन्हा और कुलजीत सिंह के साथ कलकत्ते से अक्षय उपाध्याय को भी बुलाया था। यह कार्यक्रम सन् '९४ में हुआ था, उज्जैन में। तब अक्षय की ज़िद पर ही, हम उज्जैन से इन्दौर होते हुए भोपाल लौटे थे। उन दिनों इन्दौर वाले घर में चन्द्रकान्त अकेले ही रह रहा था। वहाँ कुछ घण्टों के लिए उसके साथ बीता वह समय, अक्षय उपाध्याय से उसकी अन्तिम मुलाक़ात का समय होगा, यह कल्पना तक हममें से किसी को नहीं थी।

लेकिन मैं सन् '७८ की बात कर रहा था। अक्षय की याद के चलते यह क्रम टूट गया। वह कार्यक्रम एक बदले हुए राजनीतिक माहौल में हो रहा था। आपातकाल के ठीक बाद वाले चुनाव में उत्तर भारत में काँग्रेस बुरी तरह पराजित हो गयी थी। मध्य प्रदेश में भी तब ग़ैरकाँग्रेसी सरकार थी। तत्कालीन जनसंघ उस समय की सरकार में शामिल थी, हालाँकि नाम शायद बदला हुआ था। माहौल कुछ इस तरह का था, कि कविता और साहित्य की चर्चा तब कम हो गयी थी, और राजनीति में साम्प्रदायिक दल को एक बड़ी शक्ति मिल गयी थी। पर काव्यपाठ में चन्द्रकान्त ने, कुछेक निजी कविताओं के अलावा, अपनी विशिष्ट जनोन्मुख कविताएँ पढ़ी थीं। पूरे दो दिन की बातचीत के दौरान, हम लोगों ने साम्प्रदायिक ताक़तों की बढ़ती को लेकर अपनी चिन्ताओं का साझा भर किया था, पर जहाँ तक मुझे याद है, कि काँग्रेस की नीतियों को लेकर भी हमारे मन में शंकाएँ ही शंकाएँ थीं। बहरहाल।

वास्तव में चन्द्रकान्त को थोड़ा और निकट से जानने और उसके प्रेमपगे व्यक्तित्व के घरेलू रूप में उसे देखने का मौक़ा मुझे सागर में ही मिला था,

जब टीचर फेलो के रूप में, मैं, मेरी पत्नी गीता राउरकेला से और चन्द्रकान्त रतलाम से, सागर पहुँचे। हम दोनों का पीएच.डी. करने के लिए सागर जाने का कार्यक्रम भी बड़ी मुश्किल से तय हो पाया था। पर मेरे गुरु डॉ. प्रेमशंकर ने लगातार हम लोगों से आग्रह किया था। उनकी इच्छा थी, कि कुछ चर्चित नये लोग भी विश्वविद्यालय में शोध करें, तो यह वि.वि. के लिए एक गौरव की बात होगी। मैं तो एक अदना और लगभग अख्यात व्यक्ति था, लेकिन चन्द्रकान्त तो सचमुच एक प्रसिद्ध भर नहीं, बल्कि एक सार्थक, प्रासंगिक और सुन्दर कवि था। किसी भी संस्थान या व्यक्ति के लिए एक गौरवपूर्ण उपस्थिति। मेरे गुरु जानते थे, कि मैं चन्द्रकान्त को पीएच.डी. के लिए राज़ी कर ही लूँगा। शुरू-शुरू में तो चन्द्रकान्त ने दो-टूक शब्दों में मना कर दिया था। मैंने लगातार उस पर ज़ोर डाला। कहा कि उसे वहाँ जब मरज़ी घर जाने और आने की पूरी छूट रहेगी, तो वह बड़ी मुश्किल से राज़ी हुआ था और तब मुझे अवसर मिला था, कि बिना किसी कार्यक्रम के दबाव में रहे, उसके साथ मुक्त रूप से समय बिता सकूँ। यह शुरू में ही स्पष्ट कर देना उचित होगा, कि चन्द्रकान्त, सागर में एक साथ एक हफ़्ते से ज़्यादा कभी नहीं रहा।

उस कभी-कभार की, कुछेक दिनों की स्मृतियाँ जो मेरे मन में आज तक संचित हैं, सबसे पहले यही बताती हैं, कि चन्द्रकान्त को अपने घर-परिवार से एक गहरा अन्तरंग, और अटूट लगाव था। सागर आने के बाद भी वह जैसे अपने घर की यादों में खोया रहता था। आते ही, वह वापस जाने के बारे में सोचता रहता था। सागर प्रवास के उन दिनों में मेरे साथ की वजह से, वह ज़रूर वहाँ टिक गया और उसने अपना शोधकार्य भी पूरा कर लिया और मुक्तिबोध पर एक अच्छा काम उसने हिन्दी साहित्य को दिया, लेकिन जितने दिन वह वहाँ रहा, वे दिन उसके लिए शिद्दत से कमा, कनु और अनु को तरह-तरह के प्रसंगों में याद करने के प्रसंग ही कहे जा सकते हैं।

उन दिनों उसने वहाँ, पहाड़ी के ऊपर बने चढ़ान के रास्ते पर एक हॉस्टलनुमा जगह में एक कमरा लिया ज़रूर था, पर उस कमरे से ज़्यादा उसका समय हमारे साथ कटता था। हमारे साथ, यानी मेरे और मेरी पत्नी के साथ। कहना चाहिए कि गीता के साथ ही उसका वक़्त ज़्यादा बीतता था। उसके साथ वह ढेर सारी ऐसी बातें किया करता था, जिनका साहित्य से कोई सम्बन्ध नहीं था। वह अन्दर से एक सम्पूर्ण पारिवारिक व्यक्ति था और

इसलिए गीता के साथ बात करने में उसे 'घर' में रहने जैसी अनुभूति होती थी। मगर ख़ुद गीता भी सागर में लम्बे समय तक नहीं रह पाती थी, इसलिए कई बार हम दोनों ही वहाँ रहते थे। और ऐसे समय में कई बार हमें लगता था, जैसे हम दोनों ही वहाँ नहीं रह रहे हैं, बल्कि अपनी-अपनी घरेलू दुनिया की यादों में भटक रहे हैं। इस भटकन के दौरान चन्द्रकान्त कभी-कभी एकदम ही बदहवास हो जाता था। कभी-कभार जब हम लोग रात को अधिक रसपान कर लेते थे, तो देर रात तक सुनसान जगहों में भटकते रहते थे। आधी-आधी रात तक, कभी-कभार तो रात को दो बज जाते थे और आपस में कितनी सारी बातें करते, सिविल लाइंस की सुनसान सड़कों पर हम भटका करते थे। कभी पहाड़ी चढ़ानवाली यूनिवर्सिटी की सड़क पर चढ़कर वहाँ से उतरते थे। चन्द्रकान्त के हॉस्टल का कमरा इसी रास्ते पर था। अचानक बिना किसी भूमिका के उस सुनसान रास्ते पर, वह ज़ोर-ज़ोर से कमा...कनु...अनु...चिल्लाता था। उसकी इस तरह की अस्वाभाविक हरकत देखकर मुझे थोड़ा अपराधबोध भी महसूस होता था। मुझे लगता था, कि इस व्यक्ति को परिवार से जुदा करना, एक पाप जैसी बात है। लेकिन बाद के जीवन में क़िस्मत का यह खेल भी उसे झेलना पड़ा, कि वह लम्बे समय तक अकेले ही रहे। कमा के जाने के बाद कम से कम, उसकी बड़ी बेटी कनु उसके साथ थी, पर अभी कुछ दिनों पहले जब उसका भी कहीं ट्रांसफर हो गया, तो उसने गहरी और बेशक सर्जनात्मक वेदना के साथ अपने अकेलेपन को जिया और रचा। उसकी बेटियाँ उससे बहुत प्यार करती थीं। उसका बहुत ख़याल रखती थीं, इसका एहसास भी मुझे सागर के दिनों में ही हुआ था। पर वह पूरा परिवार गहरे सम्बन्ध के बावजूद, एक दूसरे को बाँधने वाला नहीं, बल्कि एक मुक्त परिवार था, इस बात का अनुमान भी चन्द्रकान्त की बातों से ही होता था, क्योंकि उसके परिवार के साथ तो मैं केवल एक ही बार मिला था। शायद इस बारे में विष्णु खरे या चन्द्रकान्त पाटील मुझसे अधिक जानते हैं और सच तो यह है, कि चन्द्रकान्त देवताले के संस्मरणों के बारे में उन्हीं से लिखवाया जाना था, क्योंकि अन्ततः कभी-कभार की मुलाक़ातों की अपनी एक सीमा होती है, जो कि मेरे संस्मरण की है।

कमा, कनु, अनु की यादों को तरह-तरह से याद करते, मुक्तिबोध पर शोध—एक अजीबोग़रीब मनःस्थिति और रचना स्थिति का द्योतक कहा

जा सकता है, लेकिन सागर में उसने और भी बहुत से लोगों से सम्बन्ध बनाये और जिनसे बनाये उनमें सबसे प्रमुख हैं वे बच्चे, जो उसके कमरे के पास-पड़ोस के घरों में रहते थे। सिर्फ़ इन्हीं बच्चों से ही नहीं, उन बच्चों से भी, जो उसके पीछे के 'बच्चों के जेल' में रहते थे। हाँ, चन्द्रकान्त के पड़ोस में ही वह बच्चों का जेल था। पहली बार जब उसने मुझे बताया था, कि उसने बाक़ायदे इज़ाज़त लेकर, जेल में बच्चों से मुलाक़ात की थी, तो मैं समझ ही नहीं पाया था, कि यह किस जेल की बात कर रहा है। बाद में उसने दूर से मुझे वह जगह दिखायी थी। कुछ दिन बाद उसने 'बच्चों के जेल' पर लिखी अपनी कविता सुनायी थी। यह बहुत ही मार्मिक कविता थी और उसकी दूसरी मशहूर कविता 'कुछ बच्चे और बहुत सारे बच्चे' की याद दिलाती थी।

सिर्फ़ बच्चों से ही नहीं, किसी भी सामान्य व्यक्ति से मुलाक़ात होने पर, वह उससे इतनी आत्मीयता से बात करता था, कि अगला बहुत जल्दी उसका घनिष्ठ मित्र बन जाता था, जबकि साहित्यिकों के साथ उसका सम्बन्ध आत्मीय ज़रूर होता था, पर जल्दी ही वह उनसे खुल नहीं पाता था। कम से कम सागर के साहित्यिक बौद्धिक के समाज के साथ तो उसकी अधिक घनिष्ठता नहीं हो पायी। अपने हॉस्टल में रहने वाले फ़िजिक्स के प्रोफ़ेसर और हमारी तरह वहाँ वि. वि. के टीचर फेलो मि. वर्मा से, उसका सम्बन्ध बिलकुल दोस्तों जैसा हो गया था। मि.वर्मा चन्द्रकान्त की वजह से ही मेरे भी अच्छे मित्र हो गये थे।

साहित्य से बाहर के लोगों की दोस्ती को याद करते हुए, यह याद आ रहा है, कि ऐसे लोगों में हिन्दी विभाग और अन्य विभागों के टीचर फेलो ही थे, जो हमारी तरह वहाँ पीएच.डी. की डिग्री हासिल करने आये थे। उनमें से कुछ तो सपरिवार वहाँ रहते थे, और कुछ ऐसे थे, जो अकेले रहते थे। परिवार के साथ रहनेवालों में एक प्रोफ़ेसर गुलाब सिंह भी थे। वे हिन्दी में ही थे। डॉ. हजारीप्रसाद द्विवेदी जी पर शोध कर रहे थे। उनके साथ हम लोगों की थोड़ी घनिष्ठता थी। चन्द्रकान्त थोड़े समय के लिए भी आते थे, तो एकाध बार उसके यहाँ ज़रूर जाते थे। वे स्नेहिल और सज्जन व्यक्ति थे। उनके यहाँ हम एक-दो बार खाना खाने भी गये थे। शुरू-शुरू में जब मैं वहाँ पहुँचा था, तो मेरी मुलाक़ात गोविन्द द्विवेदी से हुई थी, जो अच्छे कवि और समीक्षक थे। बाद में चन्द्रकान्त आया तो उससे भी उसका

परिचय हुआ और कभी-कभार वहाँ जाने लगे।

लेकिन मैं खाने के बारे में लिखना चाहता था, कि उन दिनों खाना हम (मैं, गीता और चन्द्रकान्त) वहाँ सिविल लाइन्स के एक नये भोजनालय में खाते थे। उसका नाम था पाण्डे भोजनालय। वहाँ एक-दो टीचर फेलो और भी आते थे। वहाँ का भोजन ताज़ा और गर्म तो होता था, पर काफ़ी एकरस और बेस्वाद भी होता था। वहीं एक टीचर फेलो से हमारी काफ़ी बातचीत होती थी। वह शायद रतलाम के आसपास का ही था। उसे खाने में, बेसन का सेव खाते देखकर मैंने और गीता ने आश्चर्य प्रकट किया था, तो चन्द्रकान्त ने बताया था, कि मालवे में तो यह एक आम रिवाज़ है। उस टीचर फेलो के साथ बातचीत के दौरान ही, एक बार चन्द्रकान्त ने मालवे के स्थानीय व्यंजनों के बारे में इतने ब्यौरों के साथ कई बातें बतायी थीं, कि सुनते हुए मुझे लगा था, कि चन्द्रकान्त एक पारंगत रसोइया है। दूसरे, मुझे यह भी लगा था, कि वह अधिकांशतः धुर ग्रामीण व्यंजनों की विविधता से परिचित था। ग्रामीण जीवन के साथ उसके लगाव को इन व्यंजनों में ही नहीं, उसकी कविता की तीक्ष्ण मगर अन्तरंग व्यंजकता में भी महसूस किया जा सकता है।

सुस्वादु भोजन का एक दूसरा अनुभव भी हमें चन्द्रकान्त के साथ हुआ था। ये सागर प्रवास के ही दिन थे। उन्हीं दिनों हमने (मैंने और गीता ने) योजना बनायी कि रतलाम चलेंगे। सागर से भोपाल आने के बाद रतलाम जाने के लिए हमें जो बस मिली, वह शाम के समय की बस थी, जिसमें जाने का मतलब था, कि रतलाम पहुँचते-पहुँचते रात के ग्यारह-साढ़े ग्यारह बज जायेंगे। पर हमारे सामने कोई दूसरा विकल्प भी नहीं था। हमने वही बस पकड़ी थी और रात को ग्यारह के बाद ही हम रतलाम पहुँचे थे। बस से उतरते ही हमने देखा था, कि उतनी रात को भी चन्द्रकान्त हमारे स्वागत के लिए वहाँ खड़ा था। मुझे अन्दर से अच्छा लगा था, पर मैंने यह भी महसूस किया था, कि हमारे कारण उतनी रात को उसे वहाँ आना पड़ा था।

पर उसके घर पहुँचने के बाद, जब हमें मालूम पड़ा कि उस समय उसके घर में और कोई दूसरा नहीं था, तब थोड़ी तकलीफ़ सी हुई थी, कि चन्द्रकान्त खाना बनाने की तैयारी करके, यानी दाल-सब्ज़ी, चावल बनाकर हमारे स्वागत के लिए वहाँ गया था। हमारे पहुँचने के बाद फिर से हमारे

लिए एक ख़ास व्यंजन बनाने की शुरुआत उसने कर दी थी। उसने आलू और घुइयाँ को मिलाकर टिक्की बनायी थी। फिर दाल में तड़का लगाया था। पीठे पर बाक़ायदे बेलते हुए गर्म–गर्म रोटियाँ बनायी थीं, और गीता के सहयोग के आग्रह पर उसने उसे डाँटने सा आराम करने के लिए कहा था। चन्द्रकान्त के बनाये उस भोजन की याद रतलाम यात्रा की एक ऐसी स्मृति है, जो चन्द्रकान्त के कवि स्वभाव की साधारणता और उस साधारणता में ही अन्तर्निहित अद्वितीयता को एक साथ 'रिवील' करती है। दूसरे दिन सुबह उठते ही चन्द्रकान्त को पूरे घर में झाड़ू लगाते देखकर भी, उसके प्रति मेरा सम्मान और बढ़ गया था। दरअसल, हर काम को सम्मान देना और जितना भी सम्भव हो सके अपना काम ख़ुद करना उसका स्वभाव था। उस समय बेशक घर में किसी के नहीं होने के चलते यह उसकी मजबूरी भी थी।

शायद दो दिन वहाँ रहने के बाद तीसरे दिन हम तीनों वहाँ से उज्जैन चले आये थे। वहीं हमारी पहली मुलाक़ात कमा(चन्द्रकान्त की पत्नी) कनु–अनु (उसकी बेटियाँ) से हुई थी। उसके अन्य रिश्तेदारों से भी हमारी भेंट हुई थी। पर उज्जैन की उस मुलाक़ात के बाद, उसके परिवार के अन्य लोगों के साथ मेरी मुलाक़ात नहीं हुई। ना, उसकी छोटी बेटी अनु जो प्रसिद्ध वायलिन वादिका है, एक बार चक्रधर समारोह में रायगढ़ आयी थी, तब उससे मुलाक़ात हुई थी।

पर रतलाम की यात्रा की यह याद मुझे सागर में पाण्डे भोजनालय के एकरस खाने के कारण आयी थी। आज भी मुझे यह सोचकर अजीब सा लगता है, कि स्वयं पाक कला में निष्णात् और भोजन के स्वाद की विविधता का आनन्द लेने वाला चन्द्रकान्त, पाण्डे भोजनालय में भोजन करते हुए भी मन में या चेहरे में कोई शिकायत कभी नहीं लाता था। वास्तव में वह किसी तरह की विशिष्टता का आदी नहीं था और न ही होना चाहता था। इस बात पर कभी–कभार हममें थोड़ी–बहुत बहस भी होती थी, क्योंकि मैं मानता हूँ, कि साधारण की पक्षधरता के बावजूद, कविता में एक तरह के निजी वैशिष्ट्य और कलात्मक विविधता से जुड़ी ऐसी विशेषताएँ भी होती हैं, जो उन्हें अलग पहचान देती हैं।

अपने रसरंजन के लालच की याद के सन्दर्भ में भी, सागर की एक घटना की याद कभी नहीं मिटती, कि पीने–पिलाने के चक्कर में एक बार हम

कैसी मुसीबत में फँस गये थे।

वे शायद सागर की शुरुआती ठण्ड के दिन थे। चन्द्रकान्त हमारे सिविल लाइन्स के किराये के मकान में आया हुआ था। वहाँ बैठे-बैठे हम तीनों कैसे कब यह ऊबाऊ काम पूरा होगा की चर्चा में लगे थे। रात के आठेक का समय था। चन्द्रकान्त, साथ-साथ खाना खाने जाने के लिए हमारे कमरे में आया हुआ था। शायद उस रात, उसके मन में पीने की इच्छा भी थी। गीता ने जब कहा कि उसका मन खाने का नहीं है, तब थोड़ी आज़ादी के माहौल की कल्पना करके हम दोनों की पीने की इच्छा थोड़ी और बलवती हो गयी थी। लौटने में हमें देर हो जायेगी, कहते हुए जब हम निकलने लगे, तो गीता ने हमसे कहा कि हम बाहर से ताला लगा दें, ताकि उसे नींद से जागकर दरवाज़ा खोलने की ज़रूरत न पड़े।

हम निकले। हम दोनों ने अपनी-अपनी जेबों का अन्दाज़ा लगाया। पास ही एक बारनुमा होटल था। बारनुमा इसलिए कि बाहर बोर्ड से यह पता नहीं चलता था, कि यह लाइसेंसी बार है या नहीं। हमारी स्थिति आर्थिक रूप से भी उस रात दयनीय थी, कि आपसी सहयोग करने के बाद भी हम वहाँ एक पौवे से ज़्यादा नहीं पी सकते थे। ख़ैर। हम लोगों ने उसी एक पौवे को आधा-आधा बाँटकर, अपने को तसल्ली देने की कोशिश की। इसी कोशिश में हमने उस रात का आधा-अधूरा खाना, उसी रेस्तराँ में खाया, जो पाण्डे भोजनालय की तुलना में काफ़ी महँगा साबित हुआ। वहाँ से निकलने के बाद हमारी सम्मिलित जेबों में दस या पन्द्रह रुपयों से ज़्यादा नहीं थे। हम पान के ठेले पर पहुँचे। ना, वहाँ पहुँचने के पहले हमने उसके क़रीब ही एक एम्बेसडर खड़ी देखी थी और यह भी देखा था, कि उसकी पिछली सीट पर दो भरी बोतलें रखी थीं। उसे देखकर ही हमारे मन में थोड़ा और पीने का लालच कुनमुनाया था। पर हमें अपनी स्थिति का पूरा ज्ञान था। पान दुकान पर पहुँचकर, चन्द्रकान्त ने किसी ख़ास ब्राण्ड की कोई सिगरेट माँगी। आम तौर पर वह पान या ज़र्दा तमाखू सुपारी भर फाँकता था, उस दिन उसने सिगरेट क्यों माँगी थी, यह मुझे आज तक नहीं पता। लेकिन सिगरेट कहने के तुरन्त बाद ही हमने पीछे से एक गम्भीर भारी आवाज़ सुनी थी।

''इस यतीम को भी एक सिगरेट चाहिए।''

हम चौंककर पलटे थे। हमारे पीछे एक ऊँचा-पूरा हट्टा-कट्टा आदमी खड़ा

था। उसे देखते ही हम समझ गये थे, कि यह आर्मी का आदमी है। चन्द्रकान्त ने तुरन्त उसके लिए भी सिगरेट का ऑर्डर दिया था। कश लेते हुए उसने ऐसे ही कैज़ुअली पूछा था, 'वो गाड़ी?'

"वो भी, इसी यतीम की कार है," उस आदमी ने उसी तरह की संजीदा मगर भारी आवाज़ में कहा था।

उसके बाद, सिगरेट ख़त्म होते न होते, हम उसके अतिथि बन चुके थे। उसने बहुत स्वाभाविक ढंग से हमें और पीने का निमन्त्रण दे दिया था। यही नहीं, पहले ही नशे में मस्त उसने, कार में ही अपनी ज़िन्दगी के बारे में बहुत सारी बातें बता दी थीं। वह आर्मी का एक बड़ा अफ़सर था। उसकी बीवी किसी दूसरे के साथ भाग गयी थी। उसके इकलौते लड़के की मृत्यु हो चुकी थी और वह अकेला बदहवास ज़िन्दगी बिता रहा था। घर पहुँचकर उसने ख़ूब खिलाया-पिलाया। खा-पीकर मस्त हो जाने के बाद, उसने युद्ध के अपने अनुभव सुनाये और फिर उन्हीं बातों को दुहराने लगा, जो उसने पहले ही कार में हमें बतायी थी। हम दोनों को ही ज़्यादा चढ़ गयी थी, लेकिन वह हम लोगों को छोड़ने के लिए तैयार ही नहीं था। उस समय रात आधी से ज़्यादा बीत चुकी थी। जब दो पलों के लिए वह हमें अपने बेडरूम में छोड़कर गया, तो हम धड़धड़ाते सीढ़ियाँ उतरते कैंटोनमेण्ट के रास्ते सड़क पर आ गये, हालाँकि सड़क पर आने के बाद उस सुनसान रात में हमें कुछ पता नहीं था, कि किस रास्ते से हम अपने ठिकाने पर पहुँचेंगे। फिर भी जब हमने किसी एक दिशा में चलना शुरू किया ही था, कि पीछे से वही भारी-भरकम आवाज़ आयी—"रुक जाइये, रुकिये।" हमने पलटकर देखा, वही आदमी था और हमसे दस-पन्द्रह क़दम दूरी पर, पिस्तौल ताने खड़ा था।

उसके बाद नाक की सीध में हम दौड़ने लगे। शायद ही कभी इतनी तेज दौड़ हमने अपने ज़िन्दगी में लगायी हो। बिना रुके लगातार चार-पाँच मिनट तक दौड़ते रहने के बाद हाँफते हुए हम रुके थे। हमने पीछे पलटकर देखा था। कोई हमारा पीछा नहीं कर रहा था जानकर हमने राहत की साँस ली। रास्तों के बारे में तब भी हम नहीं जानते थे, कि हम किधर जा रहे थे और दौड़ हम तब भी रहे थे, क्योंकि हमें लग रहा था, कि शायद हम कैण्ट के इलाक़े में ही हों। राहत की साँस हमने तब ली जब हमने देखा, कि भागमभाग की अपनी असहायता में हम सागर स्टेशन के पास पहुँच चुके

थे। राहत की साँस लेते हुए, हमने एक ऑटो किया। सिविल लाइन पहुँचे। गीता से माँगकर मैंने टैम्पों वाले के पैसे चुकाये। चन्द्रकान्त जूते-मोजे समेत खाट पर पड़ गया। उसके पीछे वाले कमरे में मैं चुपचाप सो गया।

सुबह नींद खुलते ही, चन्द्रकान्त ने गीता को सारी कहानी सुनायी, एवज़ में गीता ने हम दोनों को डाँट भी पिलायी। पर सुबह-सुबह ही चन्द्रकान्त ने यह सूचना भी दी, कि वह अपना चश्मा वहीं, उस आर्मी अफ़सर के घर में ही छोड़ आया है। तब मैंने साफ़ शब्दों में कहा, कि चश्मा वापस लेने के लिए वह अकेले ही वहाँ जायेगा।

लेकिन संयोग देखिए कि दूसरे दिन शाम को जब हम सागर के बाज़ार में घूम रहे थे, तो वहाँ दूर से ही पान की दुकान पर उसे देखकर चन्द्रकान्त पहचान गया। मैंने गीता से थोड़ा आगे बढ़ने को कहा। फिर मैं और चन्द्रकान्त वहाँ उसके निकट तक गये। उसने हमें अच्छे से पहचान लिया और बड़ी शालीनता से बोला, ''डिड आय मिसबिहैब विद यू, यस्टर्डे?''

''एब्सोल्यूटली नॉट!'' चन्द्रकान्त ने कहा। उसने फिर एक बार अच्छी दावत करने की बात की। पर दुबारा उसके यहाँ हम खाने-पीने को नहीं गये, चन्द्रकान्त अकेला वहाँ एक बार और गया, और अपना चश्मा ले आया।

यह एक ऐसी घटना थी, जिसकी याद हम जब-तब करते थे, क्योंकि सागर के जीवन में घटना या दुर्घटना जैसी कोई दूसरी स्मृति हमारे मन में नहीं थी।

पर अभी सोचता हूँ, तो लगता है, कि चन्द्रकान्त के साथ, सागर में बिताये गये दिनों के दौरान ही, सुदीप बनर्जी के साथ मेरी अन्तरंगता हुई थी। वास्तव में चन्द्रकान्त की देन ही है, सुदीप के साथ मेरी अपनी मित्रता की स्नेहिल स्मृतियाँ। सागर के दिनों में ही मैं, गीता और चन्द्रकान्त सुदीप के घर में रुके थे। यह भारत भवन के उद्घाटन अवसर का समय था। सन् ८० के बाद के चुनाव में जीतकर श्रीमती इन्दिरा गाँधी फिर से प्रधानमन्त्री हो गयी थीं। इसके पहले भी रवीन्द्र भवन में म.प्र. के पहले सम्मान समारोह में कलाकारों, लेखकों को पुरस्कृत करने के लिए उन्हें बुलाया गया था। वह क्लोज्ड डोर मीटिंग थी। हॉल में हो रही थी। चन्द्रकान्त और मैं इस समारोह में आमन्त्रित थे। इस पुरस्कार/सम्मान समारोह में श्रीमती गाँधी ने जो भाषण पढ़ा था, उसे पढ़ते हुए वे बार-बार अटक रही थीं। भाषण बहुत कठिन भाषा में लिखा गया था। श्रीमती गाँधी उसे ठीक से पढ़ भी नहीं पा

रही थीं। जब वे भारत भवन के उद्घाटन के लिए आयीं, तो हमें स्वाभाविक रूप से उनके पिछले भाषण की याद आयी थी। पर इस अवसर पर उन्होंने बहुत ही अच्छा और बहुत सहज भाव से सम्प्रेष्य भाषण दिया और कला से सम्बन्धित कुछ सूक्ष्म मुद्दे भी उन्होंने उठाये। रात जब हम सुदीप के यहाँ लौटे, तो इस विषय पर उससे चर्चा हुई थी और उसने मुस्कराते हुए कहा था, कि यह दिल्ली और भोपाल की 'ब्रीफिंग' का फ़र्क़ है।

उसके बाद से ही सुदीप से मेरी बहुत गाढ़ी मित्रता हो गयी थी। वह चन्द्रकान्त का छात्र रह चुका था और उसका बहुत सम्मान करता था। चन्द्रकान्त भी सुदीप को अपने परिवार के ही एक सदस्य की तरह चाहता था। बाद में कई दफ़े मैं, चन्द्रकान्त की अनुपस्थिति में भी उसके यहाँ रुका था। उसकी मृत्यु की सूचना मुझे देते हुए चन्द्रकान्त बिलकुल रो पड़ा था। था भी सुदीप एक बहुत ही प्यारा इनसान।

सागर में रहते हुए हम वहाँ के साहित्यिकों और अपने अध्यापकों से भी मिलते ही रहते थे। रमेश दत्त दुबे, मदन सोनी, मुन्ना शुक्ला और यदा-कदा उदयन वाजपेयी से भी मुलाक़ातें होती थीं। कुछेक से मेरी अन्तरंगता आज भी है। हमारे गाइड गंगाधर झा भी बहुत विद्वान् और उदारमना व्यक्ति थे। हमसे मिलने ख़ुद हमारे कमरे में आ जाया करते थे। प्रो. प्रेमशंकर और प्रो. कान्तिकुमार जैन से भी हमारी अच्छी बनती थी। सारांश यह कि सागर के वे दिन हमारे लिए, घर छोड़कर रहने के बावजूद अच्छे दिन ही थे।

सागर छूट जाने के बाद हम फिर उसी तरह साहित्यिक कार्यक्रमों के दौरान ही मिल पाते थे। यह ज़रूर है कि ऐसे एक कार्यक्रम में चन्द्रकान्त राउरकेला भी आया था, जहाँ मैंने अपने जीवन का एक लम्बा समय गुज़ारा है। चन्द्रकान्त से आख़िरी मुलाक़ात सन् २०११-१२ में रायपुर में हुई थी। यह प्रमोद वर्मा स्मृति संस्थान द्वारा आयोजित कार्यक्रम था। इसके बाद उससे रूबरू मिलने का अवसर नहीं आया, पर फ़ोन पर बातें होती रहीं। अपने गिरते स्वास्थ्य के बावजूद, चन्द्रकान्त उस पर बात करना या रोना-धोना पसन्द नहीं करता था। वह एक ज़िन्दादिल इनसान था, और उसकी कविता उसकी इसी इनसानियत से रची-पगी है। देह की नश्वरता को सहज भाव से स्वीकार करनेवाली, इस कविता की स्मृति का सघन संसार तो उसकी कविता में ही है, और वहाँ वह आज भी जीवित ही नहीं, सक्रिय भी है, अपने पाठकों को सर्जनात्मक प्रतिरोध के लिए निरन्तर प्रेरित करता हुआ।

अन्न और जल
और अक्षर के लिए जूझते लोगों का कवि

चन्द्रकान्त की कविता पर लिखने की सोचते ही स्मृतियों और विचारों का जो सैलाब-सा उमड़ने लगा है, उसमें बहते हुए ऐसा लग रहा है, जैसे वह साथ है। अपनी सुदूर की चुप्पी के बावजूद, अपनी कविताओं में मुक्त और मुखर, उसकी आवाज़ को सुनते हुए, मैं समझ नहीं पा रहा हूँ, कि कई कई, बल्कि अनगिनत रास्तों से दिल-दिमाग़ में छा जानेवाली, रच-बस जाने वाली, उसकी कविता के बारे में कैसे क्या कहूँ, कि उस एक व्यक्ति में बसे इस पूरे हिन्दुस्तान की आवाज़ को, और पाठ के बाद अन्तर्मन का हिस्सा बन गये इस विलक्षण आस्वाद के अनुभव को, अपनी तात्कालिक आनुभविकता, विचारशीलता और विवेक सक्रियता के साथ पाठकों तक पहुँचा सकूँ। उसके बारे में लिखने की सोचते, जिस रूप में मैं उसकी कविताओं में उसे देख पा रहा हूँ, कम से कम उस रूप की एक झलक दिखा सकूँ, जो महज़ अपनी सर्जनात्मकता के विलक्षण विस्तार, आत्मीय जटिलता और विषयगत विविधता की चौंध से, ना, सिर्फ़ चौंध से नहीं, बल्कि उद्‌बुद्ध करनेवाली अपनी रोशनी से, मुझे लगभग विस्मय विमूढ़ और हतवाक् किये हुए है। चन्द्रकान्त की कविताओं का पाठ करते हुए, जब-तब अनायास आ जाने वाली उसकी सशरीर उपस्थिति या उसकी स्मृति में, इस तरह से विस्मित कर देनेवाली कोई बात नहीं है, पर उसकी कविता में कई ऐसो बातें हैं, जो उसे एक साधारण आदमी के अन्तर्बाह्य संघर्ष का, असाधारण कवि बनाती है। आक्रामक आलोचनात्मक विवेक

के बावजूद, उसकी सर्जनात्मकता, अपने संरचनात्मक वैशिष्ट्य में, गहरी, जटिल और अनेकायामी है। चन्द्रकान्त की कविता में अपनी प्रतिबद्धता को ढाँपने–मूँदने या उसे मिथकीय कुहरे के आवरण में पेश करनेवाली कोई हिकमत नहीं है। वह कविता की मान्य, अमान्य, विधियों, रूढ़ियों, रवायतों के दबाव में नहीं, अपने गहरे कन्सर्न और अपने आन्तरिक अनुराग के कारण कविता को अपनी अभिव्यक्ति का माध्यम बनानेवाला कवि है। जिस तरह मुक्तिबोध ने अपनी बेचैनी और अपने प्रेम को लिखने के लिए, अपनी पक्षधरता की भाषा चुनी, लगभग उसी स्तर पर, चन्द्रकान्त अपनी जनपक्षधरता को व्यक्त करने की कोशिश में, एक तरह की सबवर्टिव और सर्जनात्मक स्फोट की भाषा में कविता तक जाने की कोशिश करता रहा है। यह महज़ तोड़–फोड़ की कार्रवाई नहीं है, बल्कि रचने और बाहर की दुनिया के आन्तरिक समावेशीकरण की रागात्मक और वैचारिक प्रक्रिया है, जिसके चलते वह प्रचलित काव्य और कलात्मक प्रतिमानों को, उनके मान्य रूढ़िबद्ध रूप में स्वीकार नहीं कर पाता। आशय यह नहीं, कि वह कविता को नारेबाजी या भाषणबाजी या शुष्क गद्यात्मक विश्लेषण या कथन का रूप देना चाहता है, या उसके माध्यम से किसी तरह की चमत्कारी या चौंकानेवाली या ताली बजवानेवाली बात भर कहना चाहता है। ना, काव्यारम्भ के शुरू के दिनों में थोड़े–बहुत छन्द चमत्कार की बात उसमें भले ही दिख जाये, पर गम्भीर कविता के आरम्भ के दिनों से, अपने निजी जीवनानुभवों और अपने आलोचनात्मक विवेक और आन्तरिक बेचैनी के चलते, उसने कविता का एक ऐसा रूपाकार रचने की ही कोशिश की है, जहाँ उसके आत्म को सिर्फ़ कथन की तरह नहीं, बल्कि आनुभविक मनन, सृजन की तरह और सार्वजनिक जीवन की तरह महसूस किया जा सके।

चन्द्रकान्त की कविता एक गहरे और अनेकायामी अर्थ में आत्म और सर्वात्म के एकमेक हो जाने की कोशिश की कविता है।

•

चन्द्रकान्त की कविता पर थोड़ी जल्दी में लिखने की सूचना जब चन्द्रकान्त पाटील ने दी थी, कि विष्णु खरे की किसी पत्रिका के लिए लिखना है, तब मेरा दिमाग़ निजी कारणों से काफ़ी तनावग्रस्त चल रहा था और आलोचना

तो मैंने अरसे से लिखना बन्द कर रखा था, लेकिन चन्द्रकान्त पर लिखने को मैं फ़ौरन राज़ी हो गया, क्योंकि उसके बारे में लिखना, उसके साथ रहने जैसा है। उसकी कविताओं की याद करते हुए न सिर्फ़ हम प्रकृति की आदिम गतिमानता में अन्तर्निहित ऊर्जा को अपने भीतर भी गति करते हुए महसूस करते हैं, बल्कि 'संस्कृति' की अपनी आनुभविक दुनिया के विस्तार में, जनजीवन की जीवन्त संस्कृति के विस्तार और विविधता को देखते हैं। आज के लाभ–लोभवादी पूँजीवाद के उन चेहरों को भी, जो प्रगति और संस्कृति के नाम पर, तरह–तरह के हथियारों और रूपाकारों से, राज्य और बाज़ार के माध्यम से, इस संस्कृति को नष्ट करने में लगे हैं। पर साथ–साथ इन कविताओं में चन्द्रकान्त का वह चेहरा भी नज़र आता है, जहाँ वह मनुष्य और कविता के प्रेम से लबालब भरा है, और जैसे अपने परिवार और उसकी स्मृतियों को, वैसे ही इस शोषित–दलित संसार को और उनकी रोज़मर्रा की आन्तरिक गतिविधियों को, एक प्राणवन्त कल्पनाशीलता की अन्तर्दृष्टि से कविता में उतारता है। तब यह भी लगता है, कि परिवार और गाँव–घर की याद की कविताओं में तथा भरपूर ज़रूरी आक्रामकता के साथ रची गयी सात्त्विक आक्रोश की उसकी कविताओं के बीच, शायद कोई अन्दरूनी रिश्ता है। पर जब मैं उसकी कविताओं के बारे में लिखने की सोचने लगा, तो सबसे पहले मुझे उसके काव्य–संग्रह 'पत्थर फेंक रहा हूँ' की याद आयी थी। तभी मैंने यह सोचा था, कि मुकम्मिल अकादेमिक अनुशासन के साथ उसके कवि व्यक्तित्व का अध्ययन, अनुशीलन तो, शायद इतने कम समय में सम्भव नहीं हो पायेगा, लेकिन उसके 'पत्थर फेंकने' जैसी भावनाओं की ही नहीं, बल्कि फूल बिखेरने या प्यार में डूबे रहने की और अपने होने को जानते रहने की, बीसियों मन:स्थितियों के बीच से गुज़रते हुए, उसके प्रभाव को पढ़ने की कोशिश तो की ही जा सकती है।

इसी कोशिश के चलते 'पत्थर फेंक रहा हूँ' संग्रह की याद मैंने की थी। कुछ तो इस निजी कारण से भी, कि किताब रूप में आने के पहले चन्द्रकान्त ने इसकी पाण्डुलिपि मुझे भेजी थी, उन दिनों उससे मेरी बातचीत भी कुछ ज़्यादा ही होती थी और संग्रह के लिए मैंने कई सुझाव भी दिये थे। किताब के अन्त में उसकी कविताओं पर मेरी एक टिप्पणी भी इस किताब में है। उन दिनों की बातचीत की याद पर अभी सोचते हुए लगता है, कि

जिस तरह समाज में मौजूद वैषम्य को लेकर एक गहरी और स्वाभाविक वर्गचेतना, चन्द्रकान्त के कवि स्वभाव की बुनियादी विशेषता है, उसी तरह राज्यतन्त्र की बनावट में अन्तर्निहित तानाशाह चेहरों के विविध रूपों की गहरी पहचान भी, उसके यहाँ काव्यात्मक कल्पनाशीलता के साथ-साथ, विरोध और प्रतिरोध के दो-टूक भाव से क्रियाशील है। शायद इसीलिए, उसके यहाँ इरादतन कुहरिल जटिलता रहस्यमयता और कलात्मकता के साहित्यिक वकीलों के विरुद्ध एक निरन्तर जारी पोलेमिकल लड़ाई भी देखने को मिलती है। पूँजीवाद और राजतन्त्र की मिलीभगत के कारण, क्रूरता से जारी शोषण और दमन की प्रक्रिया को, घटनाओं, प्रसंगों और चरित्रों के ब्यौरों में जज़्ब करती उसकी कविता, एक आनुभविक हिस्सेदारी के साथ विकसित होती है। तब उसे पढ़ते हुए हम महसूस कर सकते हैं, कि जिस अन्दरूनी कशिश, ग़ुस्से और कन्सर्न के साथ वे रची गयी हैं, वही उस कविता में सक्रिय शब्दों को अर्थ देते हैं। सच तो यह है, कि उसकी अधिकांश कविता पहले पाठक के अन्तर्मन में एक आनुभविक लयात्मकता में प्रवेश करती है, उसे घेरती है और उस आत्मीय घेरे में आ जाने के बाद ही, पाठक उसके अर्थ को अपने अनुभव की तरह पहचानता है।

पर मैं 'पत्थर फेंक रहा हूँ' संग्रह की बात कर रहा था। इन दिनों पूरे देश में 'पत्थर फेंकने' के प्रसंग को लेकर राजनीतिक स्तर पर ख़ासा बवाल मचा हुआ है, लेकिन यह कविता उससे सन्दर्भित नहीं है। आज इसे पढ़ते हुए यह ज़रूर महसूस होता है, कि अरसा पहले लिखी गयी इस कविता की मार, कितनी व्यापक और कितनी तीख़ी है। यह कविता बहुत ही झीनी विडम्बना और मन्द स्वर में सत्ता की असलियत को, करुणा के अन्तःसलिल प्रवाह में मूर्त करती है। प्रसंग बाघों को देखने गये, प्रधानमन्त्री की यात्रा का है और उसी से जोड़ता है कवि, उस अंचल के आदिवासी बच्चों के जीवन की त्रासदी को और समापन करते हुए लिखता है :

> कहाँ बाघ, कहाँ पिछले उजाड़ इलाक़ों के ये बच्चे
> अपनी आदत से मजबूर
> पत्थर फेंक रहा हूँ
> जिनसे फूट रही है जलते शब्दों की चिनगारियाँ
> फेंकता रहूँगा श्रीमान्

क्योंकि आपकी दिलचस्पी बाघों में
और इतनी चिन्ता देख
मेरे भीतर इन फूटे नसीब बच्चों का
उमड़ने लगा हाहाकार
मैंने सोचा असंवैधानिक क़तई नहीं होगा
इस तरह से आपको
इस तरसते अबूझमाड़ में आमन्त्रित करना

बाघों को देखने गये प्रधानमन्त्री, बाघों की गिनती, उनकी संख्या में होती कमी, वैध शिकारियों की मौज़मस्ती के शिकार का सन्दर्भ, प्रधानमन्त्री की बाघ–दर्शन–यात्रा और इसके बीच अबूझमाड़ के आदिवासी बच्चों के जीवन का संकेतात्मक बिम्ब : निश्चय ही मन्थर गति से विकसित होती इस आख्यान कथा में एक सूक्ष्म व्यंजकता है, जिसे सिर्फ़ प्रधानमन्त्री या उनके अमलातन्त्र के ऊपर किये जानेवाले व्यंग्य की तरह देखा जाना क़तई नाकाफ़ी है। यहाँ पंक्ति दर पंक्ति इसकी व्यंजकता को उघारने की कोशिश का अवकाश नहीं है, पर यह ज़रूर कहा जा सकता है, कि हमेशा से ही प्राथमिकताओं से दूर, सत्तासीन राजनीति के प्रति थोड़ी नर्म लगती इस आक्रामक दृष्टि में, उस चिनगारी की आँच तो है ही, जिसका ज़िक्र कवि थोड़ी मुखरता से करता है, पर इसमें वह हल्की लपट भी है, जिसकी रोशनी में हम देखते हैं, इस कविता में अन्त:सलिल उस कन्सर्न और करुणा को, जो शायद बच्चों के साथ कवि के सम्बन्ध की अन्तरंगता की अदृश्य लिखत की तरह हमारे मन में आकार लेती है।

चन्द्रकान्त के किसी भी सजग पाठक को यह अच्छे से पता है, कि चन्द्रकान्त बहस के लिए बहस और आलोचना के लिए आलोचना करनेवाला कवि नहीं है। कला के लिए कला या कविता के लिए कविता के तथाकथित गम्भीर सिद्धान्त को भी उसके विचारों में तो क्या, ख़यालों तक में भी कोई जगह नहीं है। वास्तव में न सिर्फ़ इस कविता में, बल्कि अपनी बीसियों कविताओं में, उसने बच्चों के बारे में जो कुछ लिखा है, वह महज़ कोमलता और मासूमियत के उनके जीवन या महज़ पारिवारिकता के निजी अनुभवों तक ही सीमित नहीं है। अपनी निजता में ही बचपन के ऐसे रूपों को वह जानता है, जो जीने–मरने के संघर्ष को मूर्त करनेवाले रूप हैं। यह

भी कह सकते हैं, कि 'बच्चे' पर 'कविता' 'बचपन' के किसी अवधारणात्मक आधार पर नहीं टिकी है और करुणा, किसी गद्गद खाते-पीते मौज़ मनाते व्यक्ति की गुडी गुडी करुणा भर नहीं है। बच्चों के बारे में लिखते हुए भी, वह व्यापक हिन्दुस्तानी समाज और समय की इस सचाई को बिसार नहीं पाता, कि यह समाज एकदम ही अमानवीय ढंग से और लगभग ज़ाहिर और हिंस्र क्रूरता के साथ एक वर्ग विभक्त समाज है। एक ऐसा समाज भी, जहाँ बचपन की शुरुआत से ही आज भी करोड़ों बच्चे अपना पेट पालने और अपने माँ-बाप की मदद करने के लिए, तरह-तरह के क़ानूनी ग़ैरक़ानूनी धन्धों में लग जाते हैं, या लगे रहने के लिए मजबूर कर दिये जाते हैं। चन्द्रकान्त बच्चों की मासूमियत और पवित्रता, उनके बचपन की इच्छाओं और स्वप्नों की दुनिया से अपरिचित या बेख़बर नहीं है। एक पिता की तरह वह भी अपने बच्चों को लेकर सपने देखता रहा है, पर उसकी नज़र से अपनी निजता से बाहर की दुनिया भी कभी ओझल नहीं होती। उदाहरण लें :

कचकड़े बंजर आईने में नहीं
अपने ख़ून की लहकती आँच में
सपने देखते हैं हम अपने बच्चों के बाबत
हर दिन, उड़ते हुए गुलाब
और रंगीन फव्वारे के इर्द-गिर्द फलों की
कविता गाती, चिड़ियों के साथ
...   .
भीख माँगते हुए
और लकड़ी काटते हुए
और सब्ज़ी लादते हुए
और कण्डे थोपते हुए
इंजिन चलाते हुए
और कपड़ा बुनते हुए
एक सपना
अनकही प्रार्थनाओं में तैरता रहता है हमेशा
दुनिया के माँ-बाप की आँखों में

पत्थर फेंकनेवाली कविता में अबूझमाड़ के आदिवासी बच्चों के ज़िक्र पर अटकते हुए, जो कविता मेरे दिमाग़ में तत्काल कौंधी थी, वह यह कविता नहीं थी। उस दूसरी कविता की स्मृति, अभी भी भीतर दहक सी रही है, लेकिन चन्द्रकान्त की कविता से गुज़रते हुए, सोच की दुनिया में एक ऐसी हलचल सी मची रहती है और पाठ के तात्कालिक अनुभव की आँच भी कुछ ऐसी होती है, कि सोच की दिशा में बहुत सी अनसोची बातें आने लगती हैं। कम से कम मेरे साथ तो यह होता ही है। इस कविता की आरम्भिक और अन्तिम पंक्तियों के उद्धरण के सहारे, मैं यह संकेत करना चाहता हूँ, कि रंगीन फव्वारों और चिड़ियों और फलों की कविता से बच्चों के बाबत शुरू सपने के आख़िर में, कवि किस तरह अपनी कल्पना को तथ्यात्मक अनुभूति के कसैले यथार्थ से गूँथता है। और किस तरह पूरी कविता में वह किसी भी तरह के भेदभाव की हिंसा से बचा रहता है। वास्तव में मूल संकेत इस तरफ़ है, कि बच्चों के प्रति अपने कन्सर्न में ही नहीं, बल्कि एक वर्गविभक्त समाज को, विभिन्न विषय सन्दर्भों में मूर्त करने की अपनी कोशिश में, किसी तरह की ईर्ष्यालु हिंसा से जुड़ी आक्रामकता चन्द्रकान्त की कविता में कहीं देखने को नहीं मिलती। बेशक प्रतिरोध और संघर्ष की स्वतःस्फूर्त आक्रामकता के स्वर तो उसकी कविता के आख्यानात्मक और प्रगीतात्मक दोनों ही प्रकार की कविताओं में कुछ ऐसी आवाज़ों में सुनने को मिलते हैं, जो पाठक के मन में उसकी अपनी स्मृति के रास्ते प्रवेश करते से लगते हैं। बच्चों के बारे में चन्द्रकान्त की कविता का ज़िक्र मैंने इस प्रयोजन से भी किया था, कि आज की तारीख़ तक भी, पूरे हिन्दुस्तान में तरह–तरह की योजनाओं, कार्यक्रमों के बावजूद, समाज–सत्ता या राज सत्ता, केवल खानापूरी के ढंग से ही सोचती रहती है। खालिस देसी और स्थानीय सचाई के परिप्रेक्ष्य में, इस मामले में चन्द्रकान्त एक ऐसे कवि के रूप में सामने आता है, जो हमें अनुभव के स्तर पर विचलित करता हुआ, एक वैचारिक और संवेदनात्मक जनोन्मुखता की दिशा देता है। विषयों की निर्दिष्टता या उनकी साम्यता के बावजूद, चन्द्रकान्त की हर कविता में एक तरह की सर्वाश्लेषी कल्पना की सक्रियता है। इसी वजह से कुछ विषयों के आधार पर 'प्रवृत्तियों' को याद करते हुए, अगर व्यवस्थित सामान्यीकरण की कोशिश की जाय, तो बहुत सी ऐसी बातें हैं, जो छूट जायेंगी। सिर्फ़ 'बात' भर नहीं छूटेगी, बल्कि उसकी कविता की संरचनात्मक जटिलता में अन्तर्निहित मुक्त व्यंजकता के संवेदनागर्भित आशय और लय

की अनुभूति भी हम, उनकी तात्कालिकता की आँच के साथ शायद नहीं कर पायेंगे। हिन्दुस्तान के जन मन को, और उसके जीवन को, एक असम्भव इम्पैथी के साथ जानने और लिखने वाला कवि है चन्द्रकान्त।

शायद मैं फिर भटक रहा हूँ। पत्थर फेंकते, चिनगारियाँ बिखेरते, चन्द्रकान्त के कवि की वह कविता पढ़कर मुझे एक संस्मरण जैसी बात भी याद आ गयी थी। अबूझमाड़ के आदिवासी बच्चों के ज़िक्र ने, मुझे उन बच्चों की याद दिला दी थी, जिनके बारे में सोचते और बातें करते हुए, मैंने और चन्द्रकान्त ने पूरी रात सड़कों पर भटकते गुज़ार दी थी। शायद उस रात भर की भटकन के दौरान हम दोनों अधिकांश समय ख़ामोश ही रहे थे। यह सागर की बात है। सन् '८१-८२ की कोई रात होगी वह रात। उन दिनों वहाँ शोध छात्र की ज़िन्दगी बिता रहे थे, बल्कि वहाँ की प्रचलित भाषा में हम वहाँ टीचर फेलो थे। उस रात पाण्डे भोजनालय में खाना खाते हुए चन्द्रकान्त ने बताया था, कि उसके कमरे के पीछे या कहीं पड़ोस में बच्चों की जेल है। और आज वह वहाँ के बच्चों से मिलने गया था। इसके बाद चन्द्रकान्त ने कोई बात नहीं की थी, जबकि रात के खाने के बाद, हम एक-दूसरे से दुनिया-जहान की बातें करते थे। बेशक हमारे बीच साहित्य के पोलेमिक्स की, या गुटबाज़ी की बात कम होती थी। पर उस दिन चन्द्रकान्त ने सिर्फ़ एक बात कही थी, कि कहीं से नहीं लगता कि जेल के वे बच्चे कुछ ऐसा अपराध कर सकते हैं, जिसके लिए उन्हें जेल में डाला जाये। उसका मन बहुत भरा था। शायद उसमें करुणा और क्रोध का मिला-जुला सैलाब उमड़ रहा था। रात भर भटकने के बाद सुबह नौ-दस के क़रीब, वह शायद मेरे कमरे में आया या मैं उसके कमरे में गया। पर उस दूसरी सुबह उसने मुझे कविता सुनायी। 'पत्थर फेंक रहा हूँ' कविता के साथ मुझे इसी कविता की याद आयी थी :

वहाँ पहुँच कर मैंने देखा
जैसे भूकम्प में अँधेरा बरस रहा था
पक्षियों के थरथराते अण्डों पर
मैं न्यायाधीश नहीं था
मेरी आत्मा चोर की तरह झाँक रही थी
सफ़ेद दुनिया के भीतर बने उस मकान में
हक़ीक़त में वह फाँसीघर था

जल्लादों के बिना
वह यातना शिविर था
बिना किसी तानाशाह की तसवीर के
देश का सबसे छोटा नक़्शा
...   .
पन्द्रह झुग्गियों के लावारिस अँधेरे
और गटरों गलियों के बदबू मारते भभके से
निकलकर आये थे ये गन्दे शब्दों के
सचित्र संविधान की बस्ती से
...   .
बड़े बड़े हत्यारे पढ़ेंगे
इनको दी गयी सज़ा की ख़बर
कोड़ों की आवाज़ सुनायी नहीं देगी
डाकुओं की दुनिया में
चाँदी की वर्षगाँठ मनाते हुए अपने जूतों की
सुनते रहेंगे सब शहनाई
और बच्चों के जेलख़ाने की खिड़की को
आँखों में सुलगाकर
फूलों के सपनों के हत्यारों की दुनिया में
मैं भी जलता रहूँगा
एक छोटी सी मोमबत्ती की तरह
अपनी आत्मा का चोर

बच्चों की जेल के बारे में लिखी गयी चन्द्रकान्त की इसी कविता की याद ही नहीं आयी थी मुझे, जब मैंने अबूझमाड़ के आदिवासी बच्चों और बाघों की गिनती वाली कविता, प्रधानमन्त्री की उपस्थिति के साथ पढ़ी थी, बल्कि उसके समग्र कवि व्यक्तित्व में, कभी मौन और कभी मुखर, उसकी प्रतिबद्ध पक्षधरता के उत्स की तरह देख रहा था मैं, उसकी कई-कई कविताओं की प्रभाव छायाओं को। वास्तव में गद्य का खुलापन, कविता की कल्पनाशीलता और जटिलता ही नहीं, बल्कि संवादोन्मुखता के ज्वलन्त साक्ष्य की तरह, कविताओं के पीछे, जैसे स्वयं चन्द्रकान्त ही बात करता

दिखायी दे रहा था। चन्द्रकान्त जो अक्सर ही तथाकथित सूक्ष्म बौद्धिक बहसों में चुप्पा ही बना रहता था, जब भी बोलता था, तो महसूस होता था, जैसे यह एक कवि की ही आवाज़ है, जो जैसे सिर्फ़ उसकी ज़बान से ही नहीं, उसके पूरे वजूद से निकल रही है। इस कविता के साथ–साथ तत्काल मुझे 'कुछ बच्चे : बहुत से बच्चे' कविता की भी याद आयी थी, और मैंने सोचा था, कि चन्द्रकान्त की राजनीति या उसकी पक्षधरता, प्रकृति के साथ उसके लगाव में अन्तर्निहित कल्पनाशीलता, लोकजीवन की स्मृतियों के बीच, अपनी कविता की आधुनिक मूल्यचेतना के लिए जगह खोजती, उसकी जनोन्मुखता, या कि समसामयिक या एकदम ही साम्प्रतिक सत्ता की क्रूरता की उसकी समझ और आलोचना को सार्थक और प्रभावी ढंग से रेखांकित करने के लिए, महज़ इतना ही काफ़ी नहीं है, कि हम उसकी ज़ाहिर राजनीतिक स्वर की थोड़ी मुखर कविताओं के माध्यम से ही अपनी बात कहें। मुझे लगता है कि उसकी वामपन्थी सोच, और उसके आलोचनात्मक विवेक की जड़ें भी, पारिवारिक और मानव सम्बन्धों से जुड़े उन प्रसंगों, घटनाओं और उस पूरे परिवेश में हैं, जिन्हें वह महज़ दूर से ही नहीं, बल्कि अपने ज्वलन्त जीवनानुभवों में भी जानता है। ज़ाहिर है कि कविता से उजागर होते उसके विचार या विचारधारा को, उसकी अनुभूति और उसकी संवेदना से अलग करके, किसी जड़ सैद्धान्तिकता में पढ़ना, उसकी कविताओं का एक दयनीय अधूरा पाठ ही हो सकता है। मैंने बच्चों के प्रति उसके कन्सर्न के कुछ ही उद्धरण दिये हैं, लेकिन पारिवारिक और मानवीय सम्बन्धों की दुनिया में रहते हुए, उसके इस कन्सर्न के और भी बीसियों रूप, उसकी कविताओं में देखे जा सकते हैं। इसी तरह 'स्त्री' के प्रति उसके 'कन्सर्न' के भी कितने ही उदाहरण हैं, जो हमें याद दिलाते हैं, कि उसकी राजनीति, सत्तातन्त्र की क्रूरता के कितने सारे पक्षों को बेनकाब करती है।

स्त्री के साथ और उसके भीतर रहकर ही
मैंने अपने को पहचाना है
उस अपने को, जो हड्डियों और मांस के परे रहता है
और फिर भी शाकाहारी नहीं है
और जब वह मेरे लिए अंधड़ की तरह बिफरती है
तभी मुझे यक़ीन आता है

कि मेरे भीतर जलती लौ बुझ नहीं सकती
क्योंकि औरत आग पर सिर्फ़ रोटियाँ ही नहीं सेंकती
ख़ुद आग की हिरनी की तरह चौकड़ी भरती है
औरत का, आग से रिश्ता बेबात नहीं होता

चन्द्रकान्त के जिस कविता-संग्रह में यह कविता संकलित है, उस संकलन का नाम है 'आग हर चीज़ में बतायी गयी थी' लेकिन इस तरह की किसी बात को महज़ किसी स्थिर आलंकारिक संकेत के रूप में या आर्थी स्तर पर ही ग्रहण करने की कोशिश, कविता की बनावट में निहित आँच देती लयात्मकता से झरती ऊष्मा को ही नहीं, प्रेमानुभूति को मूल्यानुभूति में बदलती, उस संवेदनशीलता और कल्पनाशीलता को भी, बिसारने जैसा होगा, जो इस पूरी कविता में प्राणधारा की तरह प्रवाहित है। बेशक इस कविता में 'स्त्री' के साथ के कारण, अपने ऐसे हिस्से से पहचान हो रही है, जो किसी अर्थ में एक मांसल हिस्सा भर नहीं है, लेकिन इस तरह का अनुभव सम्भव ही इस वजह से हो पाया है, कि 'स्त्री' के साथ और सान्निध्य को उसने आग के दरवाज़े से गुज़रने जैसे अनुभव के रूप में ही नहीं, बल्कि झाग के थपेड़ों में नहाती आत्मा की अनुभूति और स्मृति के रूप में भी पाया है। बेशक इस विशिष्ट कविता में एक तरह की निजी चाहत की अनुभूति की अपनी ऊष्मा भी है, जैसी, उसकी कई प्रेम कविताओं की दुनिया में भी देखने को मिलती है। पर मुझे लगता है कि वैचारिक स्तर पर उसकी कल्पना को ही नहीं, बल्कि उसके आलोचनात्मक विवेक को भी धारदार बनाते रह सकना, उसके लिए इसीलिए सम्भव हो पाया है, क्योंकि रागात्मक स्तर पर हाड़-मांस से परे अपने आत्म को और अपनी दुनिया को पहचानने की दृष्टि, उसे स्त्री के साथ से ही मिली है। इस संकलन की इस कविता के पहले भी, स्त्री को 'विषय' के रूप में लेते हुए, उसने कई कविताएँ लिखी हैं। उनमें से एक कविता 'औरत' तो अपने समय की एक बहुचर्चित कविता रही है, सिर्फ़ हिन्दी में नहीं, बल्कि कुछेक हिन्दीतर भाषाओं में भी।

यह सच है, कि पारिवारिक सम्बन्धों के सन्दर्भ में भी, स्त्री के साथ का रागात्मक और निश्चय ही थोड़ी भावुकता से रचित, जो रूप देखने को मिलता है, वहाँ भी जैसे एक नैतिक अन्तर्लय का प्रवाह महसूस होता रहता है। ऐसी बीसियों कविताएँ चन्द्रकान्त के काव्य-संसार को, हवाई

सामान्यीकरण की थोड़ी दूरस्थ बनी रहने वाली भाषा से ही नहीं बचातीं, बल्कि हर कहीं अपने से परे, अपनी दुनिया में स्त्री के संघर्ष को देखने की अन्तर्दृष्टि को निरन्तर माँजती और साफ़ करती हैं। मेरा ख़याल है कि परिवार की कविताओं, ख़ासकर माँ, पत्नी और बेटियों की स्मृति में लिखी गयी कविताओं ने ही, उसे आत्मविस्तार की एक सही और सार्थक दिशा दी है। बेशक अतियथार्थ और स्वप्न के सुघड़ स्थापत्य में उसने कामज प्रेम की कई कविताएँ लिखी हैं, लेकिन वहाँ भी वे देहसर्वस्व अनुभव के रूपाकार में नहीं आतीं।

मुझे लगता है, कि उसकी मार्क्सवादी दृष्टि, ख़ासकर उसकी उत्कटता से सक्रिय, उसकी वर्गचेतना, और उसके रोज़मर्रा के पारिवारिक और परिवेशगत अनुभवों के बीच, एक अन्तर्क्रिया शुरू से ही जारी रही है और इसीलिए जब वह 'स्त्री' पर या किसी भी 'प्रसंग या विषय' पर लिखता है, तो आत्मसीमित अनुभव की चारदीवारी में ही घिरा नहीं रहता, लेकिन फिर उसी कविता में यह भी महसूस होता रहता है, कि यह तटस्थ या दूरस्थ दर्शक की चतुराई कुशलता या सुरक्षाभिमुखता से 'बनायी' गयी कविता नहीं है, बल्कि इसकी लयगति में स्वयं कवि की धड़कनें गुँथी हुई हैं। प्रसंगवश उसकी कुछ दूसरी पंक्तियाँ याद आ गयी हैं :

मैं देखता हूँ चीज़ों को
धड़कनों के भीतर तक जाकर
और कहता हूँ कुछ इस तरह से
जैसे मैं जो कह रहा हूँ
वह देख-सुनकर ही नहीं
चखकर भी आया हूँ
और यह उससे कितना भिन्न है
जो सुबह अख़बार में
किसी की भी आँखें देखती हैं।

इन पंक्तियों से उभरते संकेत के बावजूद, कि सूचनात्मक यथार्थ से मुठभेड़ से भिन्न, अन्तरात्मक अनुभूति की भाषा में विन्यस्त है कवि का काव्यबोध, हम यह भी जानते हैं, कि रोज़मर्रा की सामान्य घटनाओं या अख़बार की ख़बरों तक को चन्द्रकान्त, अपनी शिद्दत की हिस्सेदारी की विलक्षण

गतिमानता से, कुछ ऐसा रूप दे देता है, कि हमें नहीं लगता, कि हम समाचार स्तर की कोई कहानी भर पढ़ रहे हैं। दरअसल, ऊपर से थोड़ी अनगढ़, ऊबड़-खाबड़ या सीधी-सपाट लगनेवाली, उसकी सामान्य वर्णनात्मक कविताओं में भी कोई बात या कुछ बातें ऐसी होती हैं, जो जैसे उसकी निजी उपस्थिति की आँच से जीवन्त संसार की तरह हमारे मन में आती हैं। ख़ासकर स्त्री के प्रति गहरे और आत्मीय कन्सर्न से लिखी गयी उसकी ऐसी कई कविताएँ हैं, जहाँ पढ़ी हुई ख़बर या सुना या देखा गया कोई प्रसंग, महज़ वर्णन या उसके कौशल से भिन्न कविता के मार्मिक प्रभाव की तरह हम पर चोट करता है। और महज़ हमें भावुक बना देने या विस्मित कर देने की जगह, वह हमें विचार के लिए सतर्कता के साथ उत्तेजित करता है। वास्तव में चन्द्रकान्त की हर तरह की कविता की जड़ें, प्राकृतिकता और विशाल जनसमुदाय के जीवन संघर्ष में ही हैं। अपनी 'पोशाक' के बदलाव के बावजूद, जिस ज़ख़्म या ज़ख़्मों की यन्त्रणा से वह बेचैन है, वह व्यापक भारतीय समाज की सामयिक त्रासदी के ज़ख़्मों की यन्त्रणा है। यह और बात है, कि स्वयं अपनी निजी दुनिया के वर्तमान और अतीत ने उसे ऐसे संस्कार और विचार दिये हैं, कि वह सर्जनात्मकता की जनोन्मुख दिशा और राहों पर चलते रहने की अपनी प्रतिज्ञा को पल भर के लिए भी नहीं बिसारता। अचानक ही एक ख़बर पर ही लिखी गयी उसकी एक मार्मिक कविता की याद आ रही है :

''एक अधेड़ उम्र औरत ने अपनी तीन बेटियों सहित कीटनाशक खा लिया।''

शायद यही वह ख़बर है, जो कवि ने पढ़ी, लेकिन उसके बाद उसने जो कविता लिखी, उसका सार संक्षेप करना असम्भव है, क्योंकि उस कविता के शब्द पाठक तक आते-आते, उसे सिर्फ़ उतना ही नहीं दिखाते जो वहाँ दृश्य की तरह सहज भाव से मौजूद है। वे इस सामूहिक आत्महत्या की 'नगण्य' सी ख़बर को, उस पूरे वक़्त से जोड़ देते हैं, जहाँ जीते हुए अपने और अपनों को बचाना दिनोदिन असम्भव होता जा रहा है। कथात्मक शैली में लिखी गयी इस कविता में चौंधभरे जुमले भी नहीं है, कि कोटेबल कोट की तरह कुछ पंक्तियाँ उद्धृत कर, उनका पण्डिताऊ भाष्य करने की कोशिश की जाय। पर इस लेखक के लिए ऐसा करने की मजबूरी भी है, ताकि वह बता सके, कि मामला सिर्फ़ किसी घटना के अर्थ में, माँ और

बेटियों की आत्महत्या का नहीं है। मामला कविता का है, जिसका उत्स कवि की बेचैनी में है, जो उस ख़बर से कहीं अधिक गहरे कवि के मन में है। इसी बेचैनी से वह लगातार कर रहा है सवाल, लोगों को आत्महत्या करने के लिए मजबूर कर देनेवाली क्रूर राजनीतिक सत्ता से ही नहीं, इस समाज से, इस सभ्यता और इस संस्कृति से, शायद हम सभी से और सबसे ज़्यादा अपने आप से। अपने बेचैन सवालों की गिरफ़्त में लगभग बदहवास अपनी कविता में वह निश्चय ही पूरी दृढ़ता से चौकस है, और तलस्पर्शिनी संवेदना के रास्ते उस बेबस माँ के अन्तस्तल में प्रवेश करते हुए वह लिखता है, इस ख़बर की कविता :

किन निगाहों से देखा होगा तीनों को
अन्तिम बार कैसे किया होगा
धक्के मारता प्यार
सटाया होगा छाती से
कौन जाने कैसी लगी होगी
बेटियों को, बुझ रही ममता की
सूखी ठण्डी बाढ़
चट्टान हो गयी होगी खिलाते वक़्त
या कब कैसे दी होगी
किस चीज़ में मिलाकर
ज़िन्दगानी के सर्वनाश की भस्म
... ...
इन चारों को शहीद कौन कहेगा ?
इनकी मौत में देशभक्ति का धन्धा करने
जैसा भी तो कुछ नहीं
बस एक विधवा
अपनी बेटियों को जीवित नहीं बचा पा रही थी
मारकर बचा लिया और मर गयी

ऊपर–ऊपर से देखने पर यह एक ख़बर जैसी कविता ही लगती है। इसमें एक तरह का सपाटपन भी है, पर फिर भी इसे उचारकर पढ़ते हुए हम महसूस करते हैं, कि अख़बार में डेढ़ इंची कॉलम में जगह पाने वाली यह

ख़बर, कविता में वह अन्त:स्वर बन गयी है, जो हमें आत्महत्या की घटना पर ही नहीं, राज और समाज की निश्करुण पत्थरदिली पर संवेदनात्मक स्तर पर विचलित ही नहीं करती, बल्कि अपने शान्त विडम्बना के स्वर में, देशभक्ति के साम्प्रतिक धन्धों पर सोचने के लिए उकसाती है। वास्तव में मुख्यत: स्त्रियों की करुण स्थिति पर लिखी गयी उसकी बीसियों कविताओं में हम यह स्वत:स्फूर्त ढंग से महसूस करते हैं, कि प्रसंग, घटना, दृश्य या स्मृति से बाहर निकलकर कविता, हमें सोच के ऐसे इलाक़े में सहज भाव से ले जाती है, जहाँ एक तरफ़ हम निजी स्तर पर आत्मालोचन के लिए प्रवृत्त होते हैं, तो दूसरी तरफ़ नैतिक प्रतिपक्ष के विचार की तरह, हम देश विदेश में चौतरफ़ा पसर रहे, और लोगों को अपने धोखे के विकास में अन्धा कर रहे, पूँजी के उस साम्राज्य पर सोचने की एक सार्थक ज़रूरी और प्रतिरोधात्मक दिशा पाते हैं, कि जिसके बेरोक-टोक प्रसार में अधिकांशत: हमारे अपने वर्ग के नब्बे फीसदी लोग जाने-अनजाने अपना सकारात्मक योगदान ही देते आ रहे हैं। सीमान्तजनों के क्रूरतम शोषण और बदहाली के साथ धर्मोन्मादी साम्प्रदायिकता की साम्प्रतिक स्थिति में तो, इस क्रूरता के अधिक हिंस्र और अधिक अमानवीय रूप देखने को मिल रहे हैं, और लोगों के बीच की ग़ैरबराबरी लगातार बढ़ती जा रही है।

चन्द्रकान्त की कविता में 'स्त्री' के ऐसे रूपों की उपस्थिति को, उसके भीतर सतत सक्रिय एक नैतिक अन्त:प्रेरणा के रूप में भी लिया जाना चाहिए, लेकिन उसकी वर्गचेतस् राजनीतिक दृष्टि के आदर्शीकरण का कोई रूप नहीं है यह। पारिवारिक रिश्तों के आधार पर, आजी, माँ, पत्नी और बेटियों की स्मृति के चित्र, प्रेमानुभूति के सुघड़ कल्पनाशील रूपों में उभरता स्त्री बिम्ब, और अत्याचार-शोषण की शिकार स्त्रियों की पीड़ा को आँकने के उसके संवेदनात्मक प्रयत्न, वास्तव में उसके कवि मन की मुक्त संवेदना की उत्कटता से ही जुड़े हैं। बेशक अपने संरचनात्मक वैशिष्ट्य में इनका अलगपन और इनका प्रभाव दोनों उजागर हैं, पर 'स्त्री' के प्रति गहरे कन्सर्न और सम्मान का मूलभाव, शायद हर रंग की उसकी कविताओं में देखने को मिल सकता है। इसके पहले कि मैं उसकी प्रेम-परिवार की कविता में जीवन्त 'स्त्री' के बारे में कुछ कहूँ, मैं उसकी एक अन्य मार्मिक कविता 'बाई दरद ले' के कुछ शब्दों के साथ, थोड़ा दुहराते हुए यह बताना चाहता हूँ, कि सत्ता और ताक़त और पूँजीवाद के उसके काव्यात्मक विरोध

के अपेक्षाकृत मुखर रूपों को, इन विशिष्ट संवेदनात्मक प्रसंगों के साथ, उसके गहरे लगाव की संगति में ही बेहतर ढंग से समझा जा सकता है :

बाई दरद ले
सुन बहते पानी की आवाज़
हाँ, ऐसे ही देख ऊपर हरी पत्तियाँ
सुन उसके रोने की आवाज़
जो अभी होने को है
ज़िन्दा हो जायेगी तेरी देह
झरने लगेगा दूध
दो नन्हे होंठों के लिए

मुश्किल यह है कि इस कविता के प्रभाव को, उसके सन्दर्भ के वैशिष्ट्य के बावजूद, उसकी स्थितिगत व्यापकता में अन्तर्निहित सामयिक वास्तव को, और सबसे ज़्यादा उस विशिष्ट स्थिति की त्रासदी को बेबसी से झेलती स्त्री के दुख को, चन्द्रकान्त देवताले की यह कविता, जिस उत्कट संवेदनात्मक कन्सर्न के साथ रचती है, उसके आनुभविक साक्षात्कार के लिए इस कविता को पूरे में पढ़ना ज़रूरी है। शायद यह बात चन्द्रकान्त देवताले की अधिकांश कविताओं के लिए सही है, कि उद्धरणों में उसका पाठ तभी कुछ प्रभावशाली और सार्थक दे सकता है, जब हम पूरी कविता के पाठ की स्मृति और अनुभव को मद्देनज़र रखते हुए, उसकी व्याख्या में संवेदनशील, कल्पनाशीलता के साथ मुब्तिला हों। उसे पाने, जानने के धैर्य के साथ उसे पढ़ें। शायद हर अच्छी कविता के पाठ के लिए, पाण्डित्य से कहीं ज़्यादा आवश्यक, संवेदनतन्त्र की सक्रियता ही होती है। पर चन्द्रकान्त की यह कविता तो अपनी गति और प्रकृति में ही, जैसे उस स्त्री को ही नहीं, बल्कि हमें भी सक्रिय करती हुई विकसित होती है। वहशी बलात्कार की शिकार एक गर्भवती आसन्नप्रसवा स्त्री को सम्बोधित उसकी इस रचना में, उसके मन–मस्तिष्क में हलचल मचा देनेवाली विकलता तो ज़ाहिर ही है, ख़ासकर इस अर्थ में कि वह गर्भ में पल रहे उसके बच्चे को, एक स्त्री के पवित्र सृजन के रूप में देखता है और इसीलिए एक ऐसी अकुलाहट भरी भाषा में उसे प्रेरित करने की कोशिश करता है, कि वह बच्चे के जन्म देने के लिए अपने को तैयार कर सके। पर अपने काव्यरूप में यह महज़ एक 'घटना'

में ही सीमित नहीं रह जाती। इसे सभ्यता के पुरुषवर्चस्वी अत्याचार और क्रूरता के एक प्रसंग की तरह देखकर भी सन्तुष्ट नहीं हुआ जा सकता। जिस खरी संवेदनात्मक हिस्सेदारी के साथ इस प्रसंग से कवि ने अपना रिश्ता बनाया है, उसकी ऊष्मा जैसे भावनात्मक स्तर पर हमारी सोच, संवेदना, विचार, संस्कार या कि हमारे पूरे वजूद को झकझोरने लगती है। काव्यपाठ के बाद हमारी अन्तरात्मा हमें महज़ साभ्यतिक सचाई की ख़बर से नहीं जोड़ती, बल्कि अपने आत्मालोचन की गहरी प्रक्रिया से भी जोड़ती है, कि एक क्रूर लाभ-लोभवादी पुरुषवर्चस्वी हिंसक समाज में, 'स्त्री' के प्रति अपने सकर्मक कन्सर्न के मामले में, निजी स्तर पर हम कहाँ खड़े हैं? व्यक्तिगत स्तर पर पाठक को झिंझोड़ने वाली इसी तरह की बीसियों कविताओं से, चन्द्रकान्त का काव्य-संसार निर्मित हुआ है, जहाँ सार्वजनिक संकट के आत्मसातीकरण की एक ऐसी भाषा है, जिसके साथ हम अनेक स्तरों पर संवादोन्मुख होते हैं।

अपने ही मन के भीतर जारी, उसकी कविता में रहते हुए, शायद उसकी कविता की ही तरह, किसी एक विषय की स्थिर निर्दिष्टता, या निर्णायक निष्कर्ष से बाँधकर हम उसे नहीं पढ़ पाते। स्त्री के प्रसंग में उसकी कई कई कविताओं की याद करते हुए, मेरे साथ यही हो रहा है, कि शोषण, दमन, अत्याचार और राज समाज की अनवरत हिंसा की शिकार स्त्रियों के दुख के अलावा भी, उसकी कविता में स्त्री के बीसियों ऐसे बिम्ब हैं, जहाँ औक़ात की सामान्य सुविधाओं के बीच भी, वह अन्दर से अकेली और असहाय है। इस तरह की दो कविताओं की याद तो अभी अनायास ही आ रही है, जहाँ 'परिवार' की सुरक्षा के बीच उसका दुख अनकहा और अनसुना रह जाता है। एक कविता है, 'वह आज़ाद थी'। शीर्षक पढ़कर किसी को भी यह भ्रम हो सकता है, कि यह स्त्री मुक्ति पर किया गया कोई चलताऊ व्यंग्य या उसके उलट, उसकी आज़ादी की अनुभूति का कोई बिरला प्रसंग है। पर है यह उपभोगवादी मध्यवर्गीय परिवार की स्त्री के दैनिक दुख की कथा। पति की शराबखोरी से त्रस्त और फिर भी विवश भाव से उसी की सेवा को समर्पित, आदर्श भारतीय गृहिणी के मजबूर पातिव्रत्य का एक नायाब नमूना, जो निश्चय ही किसी अपवाद जैसा उदाहरण भर नहीं है, बल्कि नयी तरक़्क़ी में, भारतीय संस्कृति के रोज़मर्रे को और शानदार और चमकदार बनाते, पसरते बाज़ार की घुसपैठ का, एक

दैनिक दृश्य है। सुख–सुविधा से भर–भर जाते घर के भीतर, सुखी दीखती अन्दर की दुनिया, वास्तव में कैसी है और प्रतिरोध में औरत की अपनी स्थिति, अधिकांशतः कैसी और क्यों है ? मैं अन्तिम कुछ पंक्तियाँ उद्धृत करने का लोभ रोक नहीं पा रहा हूँ :

और वह रोटी लाने चौके में चली गयी
तवे सी क़िस्मत अपनी, बुदबुदाते, हिचकियों को रोकती रही
पर आँसुओं पर लगाम नहीं लगा पायी वह
जैसे ही रोटी लेकर पहुँची
तो उसकी क़िस्मत से
दहाड़ता हुआ मर्द मूँछोंवाला सो चुका था वैसे ही
जूठे हाथ–मुँह, जूते–मोजे समेत

अब वह आज़ाद थी सुबकने के लिए
उसके खर्राटों का निनाद
और नींद का अँधेरा मददगार था
और इसी आज़ादी के साथ
वह उसके जूते के तस्मे खोलने लगी

इसी कविता के साथ–साथ मुझे एक और कविता की याद भी आयी थी। 'नहाते हुए रोती हुई औरत'। इस कविता को पढ़ते हुए मुझे लगा था, कि इस 'रोने' के रहस्य को नहीं भेद पाने के बावजूद, एक कवि के दुख की तरह चन्द्रकान्त ने यह लिखते हुए कविता हमारे मन तक पठायी थी, कि 'मामूली वजहों से अकेले में कभी नहीं रोती कोई औरत।' और तब मुझे लगा था, कि एक ओर 'बाई दरद ले', 'बालम ककड़ी बेचती लड़कियाँ' और दूसरी ओर इस तरह की कविता, जहाँ स्त्री के दुख का ज़ाहिर और निर्दिष्ट कारण व्यक्त या व्यंजित न होता हो, लिखनेवाले कवि के मन में, व्यापक और विविध परिस्थितियों में 'स्त्री' को रचने का एक वृहत्तर और सार्वदेशिक परिप्रेक्ष्य भी है। यह परिप्रेक्ष्य उसे 'स्त्री मात्र' को एक विशिष्ट और दलित–शोषित 'वर्ग' के रूप में देखने की अन्तर्दृष्टि देता है, साथ ही वह यह भी महसूस कराता है, कि यह अन्तर्दृष्टि उसके अपने निजी अनुभवों से भी उसी तरह जुड़ी है, जिस तरह अधिग्रहण के एक व्यापक

वस्तुगत परिप्रेक्ष्य से।

वास्तव में चन्द्रकान्त आदमी के पूर्ण जीवन का चितेरा है। उसके यहाँ पूरी उम्र की कविता है। स्थानिकता भीतर तक फैली हुई जड़ों से जुड़े, बनैले और घरेलू वृक्षों से भरे, जंगल जैसी एक ऐसी जगह, जहाँ कई जगहों पर, छोटे-छोटे पौधों पर खिले मुस्कुराते फूल भी हैं। जैसे असाधारण और साधारण के समागम की कोई ऐसी जगह, जहाँ निजी और सार्वजनिक एक-दूसरे से लिपट रहे हों। शोषित, दलित और यातनाग्रस्त स्त्रियों के बारे में शिद्दत की रागात्मकता के साथ लिखनेवाले चन्द्रकान्त ने, ऐसी पचासों प्रेम कविताएँ भी लिखी हैं, जिन्हें पढ़कर रूप-रचना की उसकी कल्पनाशीलता पर मुग्ध हुए बिना रहा नहीं जा सकता। अतियथार्थ या अतिस्वप्न के देसी मुहावरे को टटकापन देते हुए, जब वह अपनी प्रेमानुभूति को व्यक्त करता है, तो पढ़ते हुए लगता है कि मूल में सक्रिय कामजता, अपने विन्यस्त रूप में एक अद्वितीय-सी लगनेवाली 'सुन्दरता' में बदल गयी है। इन्हीं प्रेम कविताओं में ऐसी रचनाएँ भी हैं, जिनमें कल्पना एक संस्कारवन्त उड़ान के साथ, सान्निध्य और सहवास के देहातीत रूपों की अन्तरात्मक सार्थकता और ज़रूरत को उभारती है। शायद इन प्रेम कविताओं में, पारिवारिक दाम्पत्य की एक अन्तरंग ऊष्मा भी महसूस होती है। 'स्त्री' के साथ को इतने क़रीब से जानने, और उसे अपनी अन्तःप्रेरणा के रूप में महसूस करते रहने के कारण, व्यापक सार्वजनिक संकट की अपनी पहचान के सिलसिले में, उसने सत्ता के सामान्यीकृत क्रूरता के दृश्यों में, विशिष्ट स्त्रियों और प्रसंगों और घटनाओं के दृश्यों को, पूरी संवेदनशीलता के साथ जोड़ा है। पर अपनी प्रेम कविताओं में तो वह बिलकुल ही अलग ही लगता है। हिन्दी में लिखी गयी दूसरी प्रेम कविताओं से भी क़तई अलग, यानी अद्वितीय। उसका यह अलगपन, दो-टूक या कि निरे आर्थी, या कि महज़ एकार्थी आधार पर नहीं टिका है। लयगति, बिम्बात्मकता, रागदीप्त कल्पना, अनुभूति की अधिकांशतः विशेषीकृत (स्पेसिफिक) सिनिकता, जैसी स्वतःस्फूर्त विशेषताओं के चलते, उसकी प्रेम कविताओं से निरे कामज लगाव का बोध क़तई नहीं होता, लेकिन ऐसा भी कभी नहीं होता, जैसे स्त्री-पुरूष के बीच इस आदिम प्राकृतिक आकर्षण और सम्बन्ध को, ढाँपने-मूँदने की कोशिश की गयी हो। मेरे पास छिपाने को कुछ नहीं, लिखनेवाले कवि के लिए, शायद इस तरह की कोई हिकमत उसके बुनियादी स्वभाव के विरुद्ध

जाकर, उसकी ऐसी कविताओं की कमनीयता को नष्ट ही कर सकती थी। प्रेमानुभूति की इतनी सारी कविताएँ उसने लिखी हैं, कि उदाहरण की तरह दो-एक उद्धरण के आधार पर उनके सौन्दर्य, सौष्ठव और उस तरह के सम्बन्ध में ही अन्तर्निहित सर्जनात्मकता के बहुविध रूपों को आत्मसात् कर पाना, मुश्किल ही नहीं असम्भव है।

शुरू में जब 'प्रेम' को एक विषय के रूप में लेते हुए, मैंने उसकी कविताओं के इस विशिष्ट आयाम पर लिखने की बात सोची थी, तो मुझे उसकी थोड़ी पुरानी कविता 'नवम्बर में तैरती हुई आँखें' याद आयी थी, हालाँकि मुझे यह भी लगा था, कि अतियथार्थवादी कल्पना की उड़ान में रची गयी इस सुघड़ भावपूर्ण और अन्तरंग बिम्बात्मकता को समझने-समझाने के व्याख्यात्मक तरीक़े से 'नष्ट' ही किया जा सकता है। ख़ासकर अगर कुछ ख़ास स्थितियों को लेकर, इसमें अन्तःसलिल कामजता की बखिया उधेड़ने, या एकदम सही अर्थ बताने की कोशिश की जाय। पर इसे पढ़ते हुए शमशेर की प्रेमानुभूति की सुघड़ कल्पनाशील उड़ान की याद ज़रूर आयी थी, लेकिन उड़ान की, उस उफान की नहीं, जो कई बार उनकी कविताओं में देखने को मिल जाती है।

अब जब इस कविता के बारे में इतना कुछ कह ही चुका, तो इसकी कुछ पंक्तियों को (हालाँकि कविता लम्बी नहीं है, और पूरी भी उद्धृत की जा सकती है, लेकिन मुझे लगता है, कि मेरा लेख थोड़े दुहराव के साथ लम्बा होता जा रहा है। शायद इसलिए, कि उसकी कविताओं को याद करते हुए, मेरी सोच एक साथ इतनी दिशाओं में दौड़ लगाने लगती है, कि मैं थोड़ा रुककर, धीरज के साथ उन पर विचार करने के बजाय, जैसे काव्य स्मृति और व्यक्ति स्मृति के आत्मीय प्रवाह में बहने सा लिखने लगता हूँ। यहाँ लिख लेना ग़ैरवाजिब या अप्रासंगिक नहीं होगा :

ओठों पर नदी की जुम्बिश
आँखों में सीढ़ी दर सीढ़ी उतरता आकाश
पूरे चेहरे पर आँसुओं की शिनाख़्त को मिटाता हुआ
स्निग्ध और बारिश नहाये जंगल का प्रसन्न मौसम
सब ढाँप लेता है
दरारें और सोंधी गमक की इच्छा

और पृथ्वी इतनी पछाड़ें खाती प्यास
सब कुछ
...   .
पर नवम्बर में तैरती हुई आँखें
मेरी कविताएँ हैं
जिनमें समुद्र की नींद में बिछा हुआ
वह सब कुछ जाग जाता है
जो जिस्म और नदी के बावजूद
सिर्फ़ रेत की संगीतहीन दरदरी किरकिराहट
जो पानी के होंठ और मछली की आँख की कथा है
और खोह में रखा दर्पण
सुनाने नहीं, दिखाने लगता है तुम्हारा क़िस्सा
तब मैं बन्द करने लगता हूँ
अपनी कविता पुस्तक और आँखें
और खोलने लगता हूँ तुम्हारी नदी
तुम्हारी ऋतु, जो मेरी नहीं है

होंठों पर नदी की जुम्बिश, आँखों में उतरता आकाश, बारिश नहाया जंगल, समुद्र की नींद में बिछा हुआ सब कुछ...खोह में रखा दर्पण, सब कुछ दिखाता क़िस्सा, और उसकी नदी, और उसकी ऋतु : लगभग अनुपस्थित 'मैं' का देखना, सुनना, छूना, शब्द-शब्द में ऊष्म ऐन्द्रिकता के बावजूद, जैसे सब-कुछ के अनुभव में एक अशरीरी अमूर्तता, जिसे किसी निश्चित एकमात्र अर्थ में बाँधने की कोई कोशिश फ़िजूल है। हाँ, पढ़ते हुए, अपने संवेदनतन्त्र को चौकन्ना रखते हुए, यह महसूस करना मुश्किल नहीं है, कि जिसकी ऋतु है, वह ऋतु गायक के अन्दर समा गयी है। वह भीतर रच-बस गयी स्त्री के ऐसे साथ को लिख रहा है, जहाँ प्राकृतिकता, अपनी अपूर्व गतिमयता के बावजूद, बदहवास, अधीर और उन्मत्त नहीं है। निश्चय ही इसमें एक कामज़ गति या कामेच्छा की छायाएँ हैं, पर वह देह के बावजूद, दैहिक अनुभूति मात्र की कविता नहीं है। ऐसी अतियथार्थवादी उड़ान की कल्पना में लिखी गयी प्रेम कविताएँ तो उसके यहाँ कई हैं, पर अपनी चौकस संघर्षोन्मुख कविताओं में भी, वर्णनात्मक तात्कालिकता के सहज दृश्यों के बीच, उसकी कल्पना ऐसी ही उड़ानें भरती हुई दिखायी

पड़ती हैं। लेकिन जैसा कि मैंने पहले भी संकेत किया है, उसके यहाँ दाम्पत्य प्रेम की भी एकाधिक कविताएँ हैं। शायद यह कहना अधिक उचित होगा, कि उसके यहाँ स्त्री के साथ सहवास की ऐसी काव्यानुभूति भी है, जो जबरी संयम से भिन्न, सर्जनात्मक सम्बन्ध के प्रेरक अनुभव की तरह कविता में विन्यस्त होती है। 'स्त्री के साथ' नामक कविता में ही सम्बन्धों की प्रगाढ़ता और सर्जनात्मकता की इस काव्यानुभूति को परिलक्षित किया जा सकता है, पर कमा (उसकी पत्नी) के साथ को ही नहीं, बल्कि उसके जाने के बाद उसकी स्मृति को लिखते हुए भी, चन्द्रकान्त ने जो कविताएँ लिखी हैं, उनमें अपेक्षित रोमानी उड़ान के साथ-साथ, ऐसा एक स्वर भी है, जिसके प्रभाव को सहृदयता से पढ़ने पर, हम महसूस कर सकते हैं, कि उसकी कल्पना केवल उड़ान भरने वाली नहीं, बल्कि देसी परिवार के संस्कारों की मूल्यचेतना को भी, अपनी प्रेम कविता में गुँजाती ही रहती है। 'पत्थर फेंक रहा हूँ' संकलन में ही, समर्पण के रूप में जो पंक्तियाँ रखी गयी हैं, उसी से यह स्पष्ट होता है, कि बरसों के दाम्पत्य के साथ को, कितनी गहरी भावप्रवणता और कितनी संयमित संस्कारशीलता के साथ उसने कविता में रचा है। इसी संकलन की एक दूसरी कविता की कुछ पंक्तियाँ देखें :

> तुम चाहतीं तो मैं बन जाता चतुर दुनियादार
> शामिल हो जाता कहीं भी मुखौटे ख़रीदती
> भद्रजनों की भीड़ में
> पर तुम जतन से पोंछती रहीं
> पतझड़ और कड़वे दिनों के धक्के
> चमकाती रहीं पत्तियाँ, बर्तन और
> भीतर की धड़कनों के कोने-कोने
> मेरा चेहरा, आँखें और होंठ
> मेरे समूचे होने का असह्य हल्कापन
> और आग की तरह दहकते शब्द मेरे
> बिखर खो जाते पता नहीं किस गुमनाम इलाक़े में
> जो नहीं होतीं तुम्हारी कड़क मुलायम हथेलियाँ

इस कविता में कुछ भी ऐसा नहीं है, जिसे मानवीय अनुभव की विचित्र

असाधारणता या किसी तरह की कारीगरी के नमूने की तरह देखा जा सके, पर भाव की जिस लयात्मकता में कविता से शुरू से आख़िर तक आती है, उसमें अव्वल तो यही लक्ष्य किया जा सकता है, कि सिर्फ़ संरचना में ही नहीं, अपने प्रभाव में भी यह कविता, उसकी सर्रियलिस्टिक प्रेम–कविताओं से काफ़ी अलग है। इस कविता के बारे में ही नहीं, बल्कि चन्द्रकान्त की ऐसी कविताओं के बारे में, जो सीधे–सीधे 'विषयवस्तु' के रूप में स्त्री या बच्चों से सम्बन्धित नहीं है, एक गहरी अन्तःप्रेरणा की तरह कविता की रागात्मक गति प्रकृति में 'स्त्री' की सतत उपस्थिति की सी ऊष्मा है, और उसी की वजह से कई बार सपाट गद्यात्मक वर्णन, विवरण और कथन को भी हम, भाव–विभाव को एकमेक करती कविता के रूप में सहज भाव से ग्रहण करते हैं। इसके साथ–साथ मुझे यह भी लगता है, नास्टेल्जिया की तरह बचपन के गाँव में डूबते चन्द्रकान्त के मन में, लोकजीवन की स्मृति के साथ–साथ माँ की स्मृति भी कुछ इस तरह रची हुई है कि प्रेम की किसी भी प्रगाढ़ मनःस्थिति में, जैसे वे स्त्री में माँ का ही अनुभव करते प्रतीत होते हैं। शायद इस देश के परिवार, गाँव का जीवन और बचपन के संस्कार, तीनों का मिला–जुला प्रभाव है, कि स्त्री के दैहिक सान्निध्य की पूर्ण स्वीकृति के बाद भी, किसी अच्छे कवि में, उसमें अन्तर्निहित मातृछवि, कभी उसका साथ नहीं छोड़ती। माँ के बारे में नहीं लिख सकता कविता कहते हुए चन्द्रकान्त ने, माँ पर एकाधिक कविताएँ लिखी ही नहीं है, बल्कि उनको पढ़ते हुए यह तक लगता है, कि गहरे कन्सर्न और उतनी ही ज़रूरी सदाशय मगर तीखी आलोचना की अपनी कविता में भी, माँ जैसे उन्हें रचने कहने की दिशा देते हुए उनके भीतर मौजूद है। कुछ पंक्तियाँ लें :

चाहते हुए भी माँ को नहीं छुआ मैंने
पता नहीं किन–किन दुखों, स्मृतियों से भरी थी उसकी देह
मैंने चाहा किसी भी तरह मैं देख पाऊँ
उसके स्तनों को चूसते हुए अपने होंठ
कैसे युद्ध, मन्दी और फाकामस्ती के उन दिनों में
चिपटे हुए, उसके पेड़ का पक्षी बन जाता था मैं
मैं उसे नहीं बता पाया
कि मैं कसाईख़ाने में काम करते शाकाहारी की तरह
कैसे ज़िन्दा हूँ इस दुनिया में

और शामिल हूँ उन्हीं में जो
अपनी करुणा की तबाही
और अपने साहस की हत्या के लिए
दूसरों को अपराधी समझ रहे हैं

मैं अभी-अभी माँ से मिल कर आया हूँ
और पुरखों की प्यास को चाट रहा हूँ
माँ से, अपने ढंग की, इस अकेली अधूरी मुलाक़ात के बारे में
कोई सबूत देना सम्भव नहीं
यह न तो सपने में हुई
और न इसके लिए मुझे मृतकों में शामिल होना पड़ा

बच्चों, स्त्रियों तथा पत्नी और माँ पर लिखी हुई इन कविताओं में ही चन्द्रकान्त देवताले के कवि के उस रूप को देखा और पढ़ा जा सकता है, कि जिसमें अन्तर्निहित अनगिनत रूपों में उनकी कविता, पूरी शिद्दत और मुक्त मुखरता के साथ हमें झकझोरती हुई, हमारे इस महान् जनतन्त्र में 'जन' की यातना, यन्त्रणा, ग़ुलामी और उसके आदमी से एक दर्जा नीचे बने रहने की उसकी साम्प्रतिक परिस्थिति के रू-ब-रू खड़ी करती है। यह अपने आप से और आदमखोर सत्ताखोरों से लगातार जूझती एक ऐसी भरी पूरी दुनिया है, जिसमें राजनीतिक, सामाजिक, सांस्कृतिक और अस्तित्व के जानलेवा मुद्दे, काव्यानुभव के भीतर कई-कई आवाज़ों की तरह रचे-बसे हैं। कभी आत्मकथन की तरह, कभी वस्तुचित्रण की तरह, कभी देह की पोर-पोर को जगाती ललकार की तरह, तो कभी किसी अन्तरंग आत्मीय पुकार की तरह, हमारे मन के कोने-कोने तक व्यापती उसकी इन आवाज़ों को, विषयगत या शैलीगत श्रेणियों में बाँटकर पढ़ना, असम्भव की हद तक मुश्किल लगता है। परिमाण और गुणात्मकता : दोनों ही दृष्टियों से पृथ्वी की तरह विपुला है उसकी कविताओं की दुनिया, पर निश्चय ही निरवधि काल की तरह प्रतीक्षा की नहीं, बल्कि हमारे इसी समय में समाये, आदिम अतीत को धारे और सम्भावित भविष्य को अपने बहुमुखी संघर्ष में उकेरते, हर पल अपने भीतर, अपने बाहर की भयानक त्रासदी को देखते, एक बेचैन कविसमय का कवि है चन्द्रकान्त देवताले। अन्याय, शोषण, दमन और अत्याचार, अनाचार के अनुभवपोषित शब्दों

में, वह जी रहा है यह अमानवीय समय, लेकिन उसके मन में ऊष्म मानवीय सपनों का एक समुद्र भी है, जो उसे पराजय के निर्विकल्प से स्वीकार से बचाये रखता है। इस तरह की उसकी कविताओं को विषय की विविधता में पढ़ने की कोशिश की जाय, तो एक पूरी पोथी ही लिखनी पड़ेगी। सो मैं रैण्डमली उसकी कुछ कविताएँ लेकर, उस पर अपनी बात जोड़ने की कोशिश कर रहा हूँ। शायद यह इस अर्थ में उचित ही है, कि विषय या शीर्षक की निर्दिष्टता के बावजूद, उसकी ऐसी कविताओं में बहुत कुछ ऐसा भी मिलता है, जो विषय की निर्दिष्टता से परे, अपनी व्यंजक मुक्तता के साथ पाठक के मन में प्रवेश करता है।

आलेख शुरू करते हुए जिस तरह मुझे 'पत्थर फेंक रहा हूँ' कविता याद आयी थी, उसी तरह अभी उसकी एक बिलकुल ही अलग तरह की कविता की याद आ रही है—और इस याद के साथ दो-तीन और भी अलग कविताओं की याद आ रही है। लेकिन पहले पहली याद की कुछ पंक्तियाँ 'माफ़िया सरगने की गोपनीय हिदायतें' नामक कविता से ली गयी हैं।

डर पैदा करो
भयभीत लोग जब बड़ी तादाद में इकट्ठे हो जायेंगे
तो ख़ून खच्चर आगजनी का फ़ायदा मिलेगा
इस वक़्त हमें लोहा लेना है अमन-चैन से
सुरक्षित मानसिकता सबसे बड़ी दुश्मन है

इसके विरुद्ध पर्चियाँ, पम्पलेट, गुमनाम ख़त, टेलीफ़ोन
और अफ़वाह फैलाने वाली कानाफूसी
सबसे कारगर हथियार है
पेट्रोल और आग घरों और इनसानों पर ही काफ़ी नहीं
उनके सोच, सपनों और नींद तक पर हमले की
सूक्ष्म कार्यविधि पर अमल हो
होना यह चाहिए कि लोग कुछ भी तय न कर पायें
असमंजस अटकलें अफ़वाह से बस्ती और बाज़ार ही नहीं
आदमी के भीतर का चप्पा-चप्पा गर्म रहे
असल मक़सद है डर पैदा करना

फिर आग अपने करतब ख़ुद दिखाएगी

पाँच खण्डों में लिखी गयी यह कविता पढ़ने के बाद, मुझे किसी निकट या सुदूर अतीत की नहीं, बल्कि आज और अभी के तानाशाह निज़ाम की याद आयी थी। लगभग पन्द्रह वर्ष पहले छपे 'उजाड़ में संग्रहालय' नामक पुस्तक में छपी, इस कविता के प्रकाशन के वक़्त इसी तरह के सांस्कृतिक राष्ट्रवादी राज कर रहे थे, और भय पैदा करने के कारगर उपायों के माध्यम से संस्कृति-चिन्तन करते हुए, महान् राष्ट्र का महान् नक़्शा तैयार करने में लगे थे। दुर्भाग्य उनका, कि तब तो वे पूरा नहीं कर पाये थे अपना काम, लेकिन आज वे सिर्फ़ वही कर रहे हैं। पर अपनी कविता के ज़रिये कवि सिर्फ़ किसी समय विशेष की राजनीतिक सत्ता को, उसकी क्रूर अमानवीयता को ही बेनकाब नहीं करता। वह अपनी संवेदना, कल्पना और विचार के रास्ते सर्वसत्तावादी तानाशाही के राजतन्त्र के तौर-तरीक़ों को तफ़सील से उभारता हुआ भी, यह जानता है, कि अनेक हैं उनके चेहरे और उन्हें महज़ इस या उस राज की आलोचना की शैलीगत वक्रता में ही मूर्त नहीं किया जा सकता है। जिस तरह उसने हज़ारों तरीक़ों से उसने प्यार किया है पृथ्वी को और स्त्री को, उसी तरह सैकड़ों तरीक़ों से, जिसमें कविता नहीं, जैसे तरीक़े भी शामिल हैं, वह अपनी पक्षधरता की चीख़ती आवाज़ के साथ, सत्ता से टकराते हुए अपने साथियों को आवाज़ लगाते हुए, लिखता है अपनी कविताएँ।

इस कविता की याद करते हुए, मुझे एक बिलकुल ही दूसरे स्वाद और अनुभव की कविता 'ट्रक में बकरों की लदान' की याद भी आयी थी, और उसी क्रम में याद आयी थी, 'हाई पावर नंगे बस्तर को कपड़े पहनायेगा की।' दुहराव के लिए क्षमाप्रार्थी होते हुए फिर कहूँ, कि राजसत्ता और नौकरशाही और समाज के अभिजनों को लेकर उसने गम्भीर पक्षधरता के साथ, कई कविताएँ लिखी हैं, और ऐसे में चुनाव करने और उस पर टिप्पणी करने की मुश्किल बढ़ जाती है, क्योंकि एक के बारे में सोचो, तो दूसरी कई ऐसी कविताएँ याद आने लगती हैं, जो जैसे पुकार कर कहती हैं—पहले हमें पढ़ो। ऐसी ही पुकार 'भूखण्ड तप रहा है' नामक उसकी सुदीर्घ कविता से आ रही है, जिसके बारे में मैं कहीं किसी पत्रिका में पहले भी एक लम्बा लेख लिख चुका हूँ।

निमन्त्रण देने से नहीं आयेगी रोटी

फँसी रहेंगी डोंगियाँ आँखों के कीचड़ में
प्रसन्न राग नहीं छेड़ेगा इकतारा
आप से आज हमारी बस्ती में
सुनो बच्चों के होंठों पर जमी पपड़ी कुछ कह रही है
उनकी चिन्दा-चिन्दी कमीजें
और स्त्रियों के हाथों-पाँवों की नीली नसें
बहुत कुछ कह रही हैं
इसे सुनो
... ...
सब बाहर खड़े हैं
जूठी पत्तलों के इन्तज़ार में
भीतर राष्ट्रीय भोज में शामिल हैं
ख़ून और हड्डियों के व्यापारी
इसी इन्तज़ार का सफ़ाया सबसे पहले हो
पोस्त के रेशों से बनती है धनुष की प्रत्यंचा
दुनिया का सबसे शक्तिशाली आयुध
हाथों के बाहर नहीं है
यही वक़्त है आग के बीच
घास उगाने का
घास की जड़ें पुराकथाओं से भी गहरी हैं
धरती के हर हिस्से में
सिर्फ़ एक इशारा घास की जड़ों को
फिर एक छोटी सी बात
आग के कान में

पुराकथाओं से भी गहरी घास की जड़ें, और आग के कान में एक बात कहते हुए, कवि जो संकेत दे रहा है, वह शायद सबके अन्दर दहकती आग की ओर एक इशारा है, एक ऐसा संकेत, जो कोरे निष्कर्ष की तरह नहीं आता हमारे मन में, क्योंकि इस सुदीर्घ आख्यानात्मक कविता में, वह अपनी निजी स्मृतियों और गाँव-गाँव, घर-घर में जारी व्यापक लूटमार के सन्दर्भों को, जिस जीवन्त अन्तरंगता की भाषा में उकेरता है, वे हमें

आत्मालोचन और आत्मविस्तार के लिए घास की जड़ों की ओर उन्मुख होने के लिए विवश कर देती हैं। इसके ठीक पहले के उद्धरण में भी, फिर आग अपने करतब ख़ुद दिखायेगी के साथ, हमारे भीतर की आग को दहकाने की उसकी भाषा, पूरे विचार-विवेक के साथ, घास की जड़ों और भीतर दहकती आग के सम्बन्ध तथा साजिशों की आगजनी के बीच के फ़र्क़ को, एक सस्वर भास्वरता में रेखांकित करती है। लोकतन्त्र के जश्न में डूबे अभिजनों के बीच दंगे-फसाद के लगातार जारी रहने की साजिश को बनाये रखने का पवित्र काम करनेवाले माफ़िया सरगने की मुठभेड़ के लिए, अपने आत्म को बचाये रखने की मानवीय कोशिश के लिए भी, यह महसूस करना ज़रूरी है, कि आज की हालत में, इस फ़र्क़ की पहचान, निरी काव्यात्मक प्रासंगिकता का मामला नहीं है। वह अपने होने और न होने के ज़रूरी अनिवार्य वरण का मामला बन चुका है। षड्यन्त्र और लोकतन्त्र जब एक-दूसरे के हमशक्ल लगने लगें, दमन और दहन जब सत्ता की मातृभाषा बन जाये, तब महज़ कविता में या विचार में ही नहीं, जीवन के हर क्षेत्र में, जीने के हर पल में, अपने होने को, अपने आस्तित्विक संघर्ष को, भारतीय जन के संघर्ष से जोड़कर ही, शोषण-दमन और अन्याय के इस षड्यन्त्र से लोकतन्त्र को बचाया जा सकता है। इस फ़र्क़ की समझ की आत्यन्तिक ज़रूरत आज इतनी अहम हो चुकी है, कि इसे टालना या नज़रअन्दाज़ करना, आत्मघात करने जैसा ही है। लड़ते हुए मरना निश्चय ही गूँगे बनकर जीते रहने से हर हाल में, इस ज़िन्दगी से बेहतर ही कहा जा सकता है।

शायद यहाँ मैं अवान्तर प्रसंग में भटक रहा हूँ। चन्द्रकान्त की एक कविता पुस्तक का नाम ही है 'आग हर चीज़ में बतायी गयी थी।' शायद इसी पंक्ति की अन्दरूनी स्मृति के चलते, यह भटकन मेरी लिखत में अपने आप ही आ गयी। लगभग सत्तर की उम्र तक पहुँच चुके अपने बूढ़े लोकतन्त्र के अत्याचारियों के चेहरे, उसकी कविता में उसकी रोकी न जा सकने वाली चीख़, पुकार, ललकार, नकार, हर तरह के विन्यास में उभरते हैं, पर उसकी कविता, गहरे आत्मालोचन की कविता भी है। प्रकृति के साथ रागात्मक लगाव, और उसका कलात्मक आत्मसातीकरण, को मूर्त करने वाली कई कविताएँ उसके यहाँ हैं। उदाहरण के लिए, उसकी यह बारिश जैसी कविता याद की जा सकती है, जहाँ वह बारिश को अपने

अन्दर देखता हुआ यह तक कहता है, ''अपनी इस गर्भवती पृथ्वी ने मुझे जंगली बना दिया है। इस जंगलीपन में जी लेने दो। इसमें मर जाने की ताक़त दो मुझे।'' पर जैसा कि मैंने इस प्रसंग के शुरू में कहा, कि यह लिखते हुए, मुझे एक भिन्न स्वाद की मार्मिक कविता की याद भी आ रही थी, जैसे अभी उसके आत्मालोचन, उसकी आस्तित्विक चिन्ताएँ और प्रकृति के साथ उसके गहरे आवयविक और आन्तरिक लगाव की उसकी कुछ कविताओं की याद भी आ रही है। शायद इसलिए, कि मैं उसकी कविताओं पर 'चिन्तन' नहीं कर रहा, अपने मन में उमड़ते शब्दों में उसे जीवित देख रहा हूँ, अपनी स्मृति की तरह। सम्पादक चाहें तो आत्मश्लाघा की तरह लगती ऐसी पंक्तियों को पूरी की पूरी काट सकते हैं, पर अभी तो अपनी लिखत में बहती काव्य स्मृति के प्रवाह में मुझे बहते रहने की अनुमति दी जाये, क्योंकि आलोचना, समीक्षा, विश्लेषण करने और मूल्यनिर्णय देने की औक़ात मेरी नहीं है। तो कविता का शीर्षक है, 'ट्रक में बकरों की लदान'। इस कविता के शुरू के हिस्से में, बस्तर के आदिवासी अंचल के किसी थाने के सामने, कद्दुओं से भरे और टाटपट्टी बिछे ट्रक में बकरों को लादने का और पुलिसवालों के हँसने का बिम्ब है। मिमियाते बकरों को लादे जाने का काम बेरहमी से किया जा रहा है थाने के सामने, पुलिसवाले हँस रहे हैं। 'अपनी जातीय आवाज़' के सबसे गिड़गिड़ाहट भरे मुकाम पर बकरे किंकर्तव्यविमूढ़ हो गये हैं। और तभी कवि कल्पना एक झटकेदार मोड़ लेती है :

तभी करंट की तरह दौड़े इस ख़याल ने
हतप्रभ कर दिया मुझे
इस वक़्त यहीं
बकरे की जगह आदमी भी हो सकते थे
... ...
अभी नहीं थे
पर सहसा याद आया
एक दिन थे जीवित नहीं मृत आदिम सैकड़ों
शाही प्रकोष्ठ में इसी तरह हुई होगी
ट्रकों में उनकी लदान
चीख़ का एक क़तरा भी नहीं तैरा होगा हवा में

बेआवाज़ धुएँ में तब्दील हो गयी होंगी हड्डियाँ
और मैं धूप के बाहर
आर्तनाद की गुफा में चला गया
समय के बाहर
बर्फ़ के टुकड़ों की तरह जमती आग में

पूँजीवाद के इतिहास में छोटी-बड़ी गणहत्याओं की सैकड़ों स्मृतियाँ ढूँढ़ी जा सकती हैं, लेकिन कविता में उसे दर्ज करते हुए कवि, स्मृति को घटना भर नहीं रहने देता। बकरों की लदान, पुलिस का हँसना, फिर सैकड़ों शवों की ट्रक में लदान और एक असहाय व्यक्ति की तरह समय के बाहर आर्तनाद की गुफा में, आग को बर्फ़ के टुकड़ों की तरह जमते हुए महसूस करना : एक आत्मसजग और संवेदनशील पाठक के लिए बेरहम और ख़ूँख़ार गणहत्या या व्यक्ति हत्या की स्मृति, इसी देश के हाल के इतिहास में देखी जा सकती है। पुलिस थाने के सामने नहीं, लेकिन पुलिस की मौजूदगी और उसके प्रोत्साहन में, सामूहिक नरसंहार का इतिहास अभी इतना पुराना नहीं हुआ है, कि उसके शिकार उसे भूल जायें, हाँ, उसके तमाशबीन तक उसे याद करते हैं और शायद व्यापक सुरक्षा के इस वक़्त में, कहीं भी, कभी भी, इस तरह के हादसे को तमाशे की तरह, फिर से राष्ट्रीय मंच पर मंचित करने के लिए, वे हमेशा प्रस्तुत हैं। उन्हें बस इन्तज़ार है, तो माफ़िया सरगने के इशारे का।

चन्द्रकान्त की कविता, आज से बहुत पहले उदार जनतन्त्र की उदारता के समय में भी, देखती और दिखाती रही है ऐसे दृश्य। शारीरिक और ज़ाहिर हिंसा की ऐसी घटनाओं के अतिरिक्त, राष्ट्र और समाज और परिवार तक की संरचना में ही मौजूद, ग़ैरबराबरी के कारण और ताक़तवर, और क्रूर होती जाती हिंसा, अरसे से धार्मिक साम्प्रदायिकता की हिंसा के रूप में जनजीवन को तहस-नहस करती रही है। आज तो साम्प्रदायिक शक्ति, जैसे निरंकुश होकर अपना दमनचक्र चला रही है। हिन्दी में शायद ही कोई कवि ऐसा होगा, जिसने इस क्रूर साम्प्रदायिकता के विरुद्ध कभी कुछ न लिखा हो, पर चन्द्रकान्त उन कवियों में अग्रणी है, जो पिछले कई सालों से इस विषय पर कल्पनाशील संवेदनागर्भित और मर्मस्पर्शी भाषा में लिखता रहा है। चन्द्रकान्त की साम्प्रदायिकता विरोधी, बल्कि साम्प्रदायिक हिंसा से जूझती, इन कविताओं को महज़ धार्मिक या जातिगत सदाशय सद्भाव के

रूप में पढ़ना, सिर्फ़ आधा अधूरा ही नहीं, बल्कि कुछ हद तक, ग़लत और कवि की अन्तर्दृष्टि और वैचारिकता को ओझल करनेवाला पाठ ही कहा जा सकता है। दरअसल, चन्द्रकान्त का समग्र काव्य-संसार, एक गहरी राजनीतिक चेतना की काव्यात्मक साकारता का एक अद्‌भुत संसार है। परिवार, स्त्री या अख़बार और समूचे विश्व को, वह कवि दृष्टि से देख रहा है। उसकी राजनीतिक वैचारिकता उस दृष्टि का अविभाज्य हिस्सा है। साम्प्रदायिकता की समस्या की जड़ों तक जानेवाली, उसकी दृष्टि को पता है, कि यह फासिस्टी राज्यसत्ता का एक पुराना हथियार है, जिसका इस्तेमाल पूँजीवादी राजसत्ता, आज की इलेक्ट्रॉनिक सभ्यता में, हर दिन नये से नये तरीक़ों से कर रही है। चन्द्रकान्त को यह अच्छे से पता है, कि जनजीवन की प्राथमिकताओं से, लोगों का ध्यान हटाने के लिए, उन्हें मिथकों का ऐसा इस्तेमाल करना होगा, कि उनका ध्यान 'अन्य' की अन्यता में ही लगा रहे। कुछ इस तरह कि यह अन्यता और इसके प्रति सक्रिय नफ़रत, उनकी भावनात्मक ज़रूरत बन जाये। इतिहास के विकृत रूपों को, अफ़वाहों की तरह लोगों तक पहुँचाने के लिए, अब तो सोशल मीडिया जैसे आधुनिक प्रचारतन्त्र भी, अधिकांशतः सत्तासीनों के क़ब्ज़े में ही हैं। दूसरा प्रचारतन्त्र तो जाने कब से उन्हीं की जागीर का हिस्सा है। आज की इस जटिल, चतुर, स्वार्थकेन्द्रित सत्ता के चरित्र और उसके तरह-तरह के रूपों को, अपने भीतर के आक्रोश, आलोचना और सृजन के आलोक में वह निरन्तर देखता रहा है। यही कारण है, कि साम्प्रदायिक हिंसा की उसकी कविता में, ख़तरे के व्यापक और मारात्मक रूपों को अनुभव करने की गहरी प्रभविष्णुता है, जो पाठक के मन में रच-बस जाती है। कुछ पंक्तियाँ लें :

अँधेरे से निकल कर आते हैं वे
और घरों को, सड़कों पर
चकनाचूर कर देते हैं
मज़हब की किताबों के पन्ने
फाड़कर चबाकर आते हैं वे
... ...
धुएँ के पहाड़ में
घबराए बच्चे माँओं
और बदहवास माँएँ बच्चों को पुकारती हैं

इस पुकार को जो रौंदते हैं जूतों से
वे सब बिके हुए मज़हब के दलाल हैं
कुर्सी तिज़ोरी के सामने मस्तक नवाते शैतान
मुट्ठी दो मुट्ठी नोटों को जेबों में ठूँस
बोतल दो बोतल शराब के सहारे
कुर्सी तिज़ोरी और शोषण पाखण्ड के
गढ़ों की नींवों को पुख़्ता करने के ख़ातिर
जीवन संघर्ष के सरोवर में ऐसा ख़तरनाक ज़हर
मिलाते हैं
कि अन्न और पानी और अक्षर के लिए
जूझते लोगों की दुनिया में
बेहोशी छा जाती है

मेरा ख़याल है कि इस कविता में आये सर्वनाम 'वे' में शामिल, सैकड़ों ख़ूँख़ार चेहरों से हिन्दी का अति सामान्य पाठक भी अच्छी तरह परिचित है, लेकिन शायद चन्द्रकान्त, उन्हें अपनी उस ऊर्जा से भी परिचित कराना चाहता है, जिसके बल पर उनसे मुठभेड़ और मुक़ाबले के अधिक प्रभावी रास्तों पर बढ़ा जा सकता है, क्योंकि वह कविता की सामयिक सकर्मकता का कवि है, और इसलिए, अपने को ढिंढोरची कहते हुए उसे कोई संकोच नहीं होता, या शर्म नहीं महसूस होती। याद करें जनता की पक्षधरता को अपने अनन्त आवेग में रचते हुए मुक्तिबोध ने भी कहा था, कि 'मेरी अख़बारनवीसी ने भीतर सौ-सौ आँखें पायीं।' चन्द्रकान्त गहरे और सार्थक और प्रेरक अर्थ में मुक्तिबोध की परम्परा का ही कवि है। उसकी प्रगतिशीलता के प्रतिमान, उसकी रचनात्मक बेचैनी और उसकी अनवरत जिज्ञासु काव्य कल्पना, में ही पाये जा सकते हैं। अपनी जिज्ञासु आत्मा की पुकार के चलते ही, वह आस्तित्विक प्रश्नों और मुद्दों पर निस्संकोच अपने को उघारता है। और पूरी निर्भीकता से अपने स्वप्नों और दुःस्वप्नों की कथा कहता है, जो कभी और कहीं ख़त्म होती नहीं लगती। अपने को देखने, दुनिया देखने-जानने में, जितनी और जैसी कविता उसे मिलती है, वह और चाहे कुछ भी हो, कारीगरी और बनतूपन की कविता क़तई नहीं है, क्योंकि

आत्मान्वेषण और प्रकृतिरमण के मुग्धतम क्षणों में भी उसे याद रहता है, कि वह उसी दुनिया का कवि है, जो अन्न और जल और अक्षर के लिए जूझते हुए लोगों की दुनिया है। जब वह कहता है, कि मैं अपने को लड़ते हुए देखना चाहता हूँ, तो वह अभी और यहीं के संघर्ष के आत्मस्वर को ही लिख रहा होता है, लेकिन उसे यह भी याद रहता है, कि उसका जाना भी किसी सूर्योदय से आलोकित ही होगा :

पानी के पेड़ पर
जब बसेरा करेंगे आग के परिन्दे
उनकी चहचहाहट के अनन्त में
थोड़ी सी जगह होगी, जहाँ मैं मरूँगा
मैं मरूँगा जहाँ, वहाँ उगेगा पेड़ आग का
उस पर बसेरा करेंगे पानी के परिन्दे
परिन्दों की प्यास के आसमान में
जहाँ थोड़ा सा सूर्योदय होगा
वहाँ छायाविहीन एक सफ़ेद काया
मेरा पता पूछते मिलेगी

अन्त में अनूठे कवि चन्द्रकान्त देवताले की स्मृति को नमन।

अशेष ऊर्जा की कविता

नागझिरी, मैं हूँ तुम्हारा भाट
तुम्हारी धड़कनों में स्पन्दित
दौड़ता मेरा रक़्त
तुम्हारी पसलियों में धँसी किंवदन्तियों और पीड़ा के लिए
मैं नहीं सिर्फ़ शब्द, मैं उस कपट के विरुद्ध
जो टुकड़ों में बाँट रहा चेहरे
जो जुटा नहीं पाया अब तक कीचड़ के टापू में, साफ़-सुथरे घर
मैं चुप्पी की गुहा में शंख की तरह
मैं आग की तरह, जमे हुए दुःख की बर्फ़ीली चट्टानों में
नागझिरी, मैं एक छोटा-सा भाट, मैं आवाज़ एक दहकती भट्ठी की
अपने लोगों की आत्मा में बरमे की तरह छेद करते
भय के अँधेरे से ले जाना चाहता हूँ सबको
धूप के पठार पर
झूठ की फहराती पताकाओं को चींथता
महाकाल की तीसरी आँख जैसा तमतमाता
विद्रोही चेहरा सामूहिक
देखना, दिखाना चाहता हूँ।

(चन्द्रकान्त देवताले)

यों तो किसी भी अच्छी कविता की दो-टूक या अन्तिम व्याख्या करना, कभी सम्भव नहीं है, क्योंकि कविता मात्र की संरचना में ही अनेकयामिता

के ऐसे तत्त्व सक्रिय रहते हैं, कि हर व्यक्ति को वह अपने अनुभव के अनुकूल और अपनी सहृदयता के अनुरूप, एक भिन्न अर्थ देने में हमेशा से ही सक्षम रही है, लेकिन चन्द्रकान्त देवताले के मामले में व्याख्या की मुश्किल कुछ ज़्यादा ही बढ़ जाती है। वह अन्तरंग में हलचल मचाती रहने वाली कविता है। मौजूद शब्दों के चौकस पाठ के बावजूद, पाठक इन शब्दों में बँधा नहीं रह पाता। वह इस पूरी धड़कती और जीवन्त दुनिया को, न सिर्फ़ इहलौकिक अनुभवों के विस्तार में पहचानता हुआ अभिभूत-सा, उनकी बातें सुनता रहता है, बल्कि उसे लगता है, कि वह सामान्य रोज़मर्रा के अनुभवों, या कि सतह पर के यथार्थ के विवरणों को भी, एक ऐसी संवेदनात्मक रोशनी में देख रहा है, जो उसे महज़ दृश्य रूपों की तरह ही नहीं देखने देती। अलावा इसके, उसके काव्यानुभव का रेंज महाकाव्यात्मक है। अदम्य जिजीविषा और गहरे नैतिक कन्सर्न से प्रेरित, परिचालित इस दुनिया का यह विस्तार, इसलिए भी और अधिक दुर्गम और बीहड़ विस्तार जैसा लगता है, कि इसमें उसके काव्य-जीवन की एक अटूट निरन्तरता देखने को मिलती है। इस इतनी बड़ी दुनिया को क़रीब से पहचानने के लिए अगर सिर्फ़ मान्य समीक्षा रूढ़ियों का आधार लिया जाय, तो यह उसे अवधारणात्मक पदों में रिड्यूस करने जैसा लगता है। इसलिए उसकी कविता के महाकाव्यात्मक स्वरूप की बात सोचते हुए, यह ध्यान में रखना ज़रूरी है, कि यह अभिजनवर्गीय या कि परम्परागत अवधारणा मात्र नहीं है, बल्कि एक सहज संकेत है, कि उसका संवेदनात्मक और वैचारिक आत्मविस्तार, अनोखा और अभिभूत करने वाला है। पर इसके साथ उसमें अन्दरूनी आवेग की स्वतःस्फूर्त गति है। एक तरह की आत्मपरक प्रगीतात्मकता का प्रवाह रचता यह आवेग भी, उसके रचनात्मक संसार में प्रायः हर कहीं देखने को मिल सकता है। दूसरी ओर उसमें अतियथार्थवादी, या प्रभावाभिव्यंजक बिम्बों की ऐसी अटूट निरन्तरता है, और सामाजिक यथार्थ की ऐसी अन्तरात्मिक पहचान, कि उसे उनमें से किसी एक ही कैटेगिरी में बँधे हुए कवि की तरह नहीं देखा जा सकता। उसके अनुभव के रेंज को देखते हुए अगर मैंने उसे महाकाव्यात्मक विस्तार के कवि की तरह देखने की कोशिश की है, तो सम्भवतः उसका एक कारण यह भी है, कि उसकी कविता में, अपनी वर्गभाषा और आधुनिकता के बावजूद, लोक-कविता के संसार जैसा खुलापन है। महज़ भाषा के आलंकारिक स्तर पर ही क्रियाशील नहीं है, उसकी लोकधर्मिता। वह उसे एक तरह की ओपन

एन्डेड रचना का रूप देने में एक प्रमुख केन्द्रीय कारक की तरह सक्रिय है। उसे पढ़ते हुए एकाधिक बार मैंने महसूस किया है, कि उसे आधुनिक युग के एक लोक–कवि की तरह पढ़ा या समझा जाना, शायद उसके अन्तरंग के ज़्यादा क़रीब होना है। स्पष्ट करूँ, कि यहाँ लोक शब्द से कोई तात्त्विक या पारिभाषिक आशय मात्र नहीं है, बल्कि उसकी कविता में लगभग सर्वत्र सुलभ उसका सामुदायिक बोध है। एक विशिष्ट व्यक्ति के अन्तरंग में जारी, उसकी कविता की बेचैनी और छटपटाहट, अपनी संवादोन्मुख अन्तर्वस्तु में अक्सर ही हमारे अपने समय की सार्वजनिक बेचैनी से, लगभग आवयविक स्तर पर जुड़ी है। बेशक आधुनिक युग के विकराल जन संकट के बीचोंबीच लिखे जाने के कारण, उसकी कविता में आधुनिकता के तत्त्व भी लगातार सक्रिय रहे हैं। उसकी भाषा के रचाव में एक साधारण मध्यवर्गीय आदमी के रोज़मर्रा के अनुभव का आत्मसजग बखान भी है, पर उसकी अधिकांश कविताओं को पढ़ते हुए यह अनुभव होता है, कि वह मध्यवर्ग के घरेलू आत्मसंघर्ष की कविता भर नहीं है। उसकी कविता को आधुनिक युग की लोक–कविता कहने का एक अर्थ यह भी है, कि वह ज़ाहिर तौर पर संवाद के लिए उत्सुक ही नहीं, विकल कविता है। लेख के शुरू में ही उद्धृत पंक्तियों के अलावा, कितनी सारी कविताओं से ऐसे उदाहरण आसानी से लिए जा सकते हैं :

नहीं बतायेगा वैसा भाट पुराण
वंशावली का ब्यौरा हर किसी को
कि पूर्वज तुम्हारा राजा या गोण्डों की बस्ती का
दुन्दुभि बजाता या मृदंग छेड़
पसेरी से नापता था टके
परदादा की मूँछों का वट अब नहीं है
गोदने गुदे हाथ चिबुक जंघाओं तक
हरीकच्च रेखाओं में खिले
उमगे गेंदे के फूल

वह जानता है ज़हर की गाँठ कहाँ है
यद्यपि उसने नहीं जाना शेर की मूँछ के बाल का ज़हर
या दूध शेरनी का

उसे याद है लकड़बग्घे ने मचाया था
उत्पात तब गाँव में
जब गोरे ने सन्दूक फेंक दी थी पिता की
इटारसी जंक्शन पर
वह छटपटा कर रोया था उस शाम
जब मिट्टी की हाँड़ी में चुड़ती कुटकी
भाजी चने की
कँदराती मँझोटे में नानी
माँ को पुकारती
कबरबिज्जू चढ़ आये हैं ढाबे पर
बेटे को बाघनख पहना दे

ये पंक्तियाँ चन्द्रकान्त की सुप्रसिद्ध लम्बी कविता 'भूखण्ड तप रहा है' का अंश है। इस पूरी कविता के अध्ययन से ही इस बात को बेहतर समझा जा सकता है, कि लोकधर्मिता के तत्त्व उसकी कविता में, आधुनिकता के बोध से कितने आवयविक स्तर पर संग्रथित हैं। वास्तव में उसका, अपना निजी जीवन भी, जैसा कि उसने दो-टूक बयानों और एकाधिक कविताओं में कई बार स्पष्ट किया है, गाँव, क़स्बा और महानगर की साभ्यतिक परिस्थितियों के बीचमबीच जीते हुए बीता है। उसकी कविता में एक तरह की नाइविटी तो लगभग ज़ाहिर ही है, उसकी आलोचना में सक्रिय आक्रामकता और उसकी प्रेमानुभूति में धड़कती कल्पनाशीलता में भी, एक सहज आवेगपूरित ग्रामीण विचार विवेक का दो-टूकपन है, जिससे फिर यही अनुभव होता है, कि लोकजीवन या आधुनिक-बोध से सक्रिय, यथास्थिति की आलोचना की दृष्टि और भाषा उसे पोथियों के रास्ते नहीं मिली है। वह अपनी समग्र रचना में एकदम ही ग़ैरकिताबी कवि है, और इसलिए उसकी कविता की कला की क़रीबी पहचान के लिए, उसकी ऊर्जा, उसकी कल्पना, स्मृति, अनुभव, विचार, यानी उसके समग्र रचनात्मक मानस को थोड़े विस्तार में जानना ज़रूरी है। पर उससे भी पहले उसकी अदम्य ऊर्जा को समझने की कोशिश होनी चाहिए, जो उसे कविता की ओर ले जाती है।

विलक्षण ऊर्जा का कवि है चन्द्रकान्त, जितना सामूहिक संघर्ष के अपने विविध नैरेटिव में, उतना ही अपनी अन्तरंग स्मृतियों में। ऐसा लगता है, कि

उसके भीतर कहीं एक अजस्र, अदृश्य जलप्रपात है, जो अनवरत झरता रहता है। यह आकस्मिक ही नहीं है, कि उसके लिए हर दृश्य कविता का दृश्य है, हर पल कविता का पल। उसके शब्द इसी ऊर्जा में नहाये शब्द हैं, जो अपने शब्दकोशीय अर्थ से परे, हमेशा ही नित नूतन अर्थ देते हैं पाठक को। लेकिन पाठक किसी भी तत्काल मिल गये या प्रदत्त से परे, उसी ऊर्जा के प्रवाह में पाता है अपना एकदम निजी अर्थ। उसकी सुदीर्घ रचना-यात्रा को क़रीब से जानने, समझने की कोशिश करते हुए, मुझे हमेशा ही लगा है कि उसकी कविता की गति-प्रकृति थोड़ी विचित्र होती है। वह जैसे हमेशा ही ऊबड़-खाबड़ और अनखोजे रास्ते पर चलनेवाली कविता है। अपने उत्साह और अपनी थकान, दोनों ही परिस्थितियों में उसकी यह अन्दरूनी ऊर्जा ख़त्म होती नहीं दिखती। उसकी कविताओं के पाठ से हम सहज ही यह महसूस कर सकते हैं, कि उसके वेग में एक ज़ाहिर आदिमता है। दरअसल उसकी ऊर्जा का अशेष स्रोत आदिम मनुष्यों का आस्तित्विक और सृजनात्मक संघर्ष ही है। प्रकृति के साहचर्य और संघर्ष को अपने वजूद में जानती, इस आदिमता को, चन्द्रकान्त कुशल कवि की तरह नहीं, बल्कि स्वभाव कवि की तरह अपनी कविता में विन्यस्त करता है। वह भी अभी और आज के ख़ास देसी समय में। समूची पूँजीवादी सभ्यता की आलोचना के उसके काव्य-बिम्बों में अगर एक तरह की ज़ाहिर और मुखर आक्रामकता है, एक तरह के सबवर्टिव एलिमेण्ट की सतत सक्रियता है, तो इसका कारण भी शायद यही है, कि वह व्यापक सामुदायिक जीवन के आदिम आस्तित्विक संघर्ष को, केवल अकादेमिक स्मरणों की तरह नहीं जानता। कम से कम उसकी कविता के सजग, सहृदय पाठक को तो यह सहज ही अनुभव हो जायेगा, कि चन्द्रकान्त की कविता के शब्दों से गुज़रना, मानो किसी जीवित व्यक्ति के अन्दरूनी संसार को उसकी गतिमयता में उपस्थित देखना है। यह शायद इसीलिए, कि सृजन और संहार की प्राकृतिक भाषा को उसने मानव बिरादरी के आत्मरक्षात्मक और नैतिक वरण के रूप में सहज भाव से जाना है। उसकी कविता के युगीन और साभ्यतिक सन्दर्भ को, मानव परम्परा के इस सुदीर्घ संस्कारशील विवेक के समानान्तर ही बेहतर ढंग से समझा जा सकता है, पर उसके पहले हम महज़ एक झलक देखने की तरह उस ऊर्जा की डायनेमिक्स के रूबरू हो लें :

सर्जन सावधान ईथर की गन्ध तेज़ हुई

पर तभी अपने आप उत्तेजित हो गये
शून्य पड़े मस्तिष्क के सभी केन्द्र
अखरोट फूटे हों जैसे सैकड़ों एक साथ
धरती की सलवटें बिखर गयी हों जैसे
बखिया टूट जाने से
जड़ हो गये सब सर्जन सहायक नर्सें
पानी के नल से फूटे ख़ून के फव्वारे
ट्रॉली उछली
और सैकड़ों चाकू उड़ने लगे थियेटर में
इस्पात के चमकते पक्षियों से फड़फड़ाते
वह मस्तिष्क अब अँधेरे में तन गया
एक विद्युत प्रवाहित कविता की तरह
फिर किताबों की ज़ब्ती और पुस्तकालयों के जलने से
सत्य की चिरायंध फैलने लगी
एक सपना बेहतर दुनिया का
पानी में अकड़ी लाश-सा फिंका गया
शीशे तड़के
और सब कुछ पूर्ववत् हो गया
सर्जन चकित थे
वह मस्तिष्क है या धरती का मूल कंद
बचना कुछ नहीं था उस सपने के सिवा
सूखे कण्ठ पर कैसे फूटेंगी शाखें खिलेंगे पत्ते
त्रिभुवन लोगों के चेहरों में खोजने लगा
नये शब्द
तभी गरमाई उसकी देह
वह बुदबुदाया, भूखण्ड तप रहा है

चन्द्रकान्त के जो उद्धरण मैंने अभी तक दिये हैं, वह, उनके ज़रिये कुछ विशेषताएँ साबित करने के इरादे से नहीं दिये हैं। शायद एक तरह के आत्मालापी मुहावरे में ही, मैं यह सब लिख रहा हूँ और सोच रहा हूँ, कि अगर इन कविताओं को उचारकर पढ़ो, तो क्या एक आदिम उद्दामता की

लय नहीं महसूस होगी ? मुझे तो बार-बार पढ़ते हुए लगा है, जैसे यह उस आदिम सर्जनात्मक ऊर्जा की ही सगी है, जो इसकी लय में बज रही है, लेकिन बार-बार वही हमें सचेत भी कर रही है, कि यह कविता में आदिमता के देवरूपीकरण की कोशिश नहीं है। नागझिरी की किंवदन्तियाँ और सर्पलोक से जुड़े परिवेश का भाट होने की इच्छा ज़ाहिर करता कवि, जब दो-टूक शब्दों में कपट के विरुद्ध होने की बात करता है, या त्रिभुवन के अनुभवों को दर्ज करता लोगों के चेहरों में शब्द खोजने की कोशिश करता है, तब उसके शब्दों से गुज़रते हुए हम सहज महसूस करते हैं, कि वह न तो आदिम लोक की प्रशस्ति कर रहा है, और न ही लोकगाथाओं की स्तुति। उसकी ऊर्जस्वित लय की उद्दाम प्रवहमानता के बावजूद और कई बार उसके कारण भी, हम यह निरन्तर महसूस करते हैं, कि आदिम संघर्ष और सर्जनात्मकता के रूपकों और लोकजीवन की स्मृतियों का सुघड़ विन्यास, उसके यहाँ अहेतुक नहीं है, कि वह कविता लिखने के लिए ही कविता नहीं लिख रहा है और यह भी, कि उसके लिए कविता का अर्थ, उसकी परम्परा, उसकी स्वायत्तता का मतलब उतना और वैसा ही नहीं है जितना और जैसा कविता की स्वयंपूर्ण स्वायत्तता की बातें करनेवाले हिन्दी के कई दूसरे प्रसिद्ध कवियों के लिए है। यों भी उसकी कविता का मुख्य सन्दर्भ मानव सम्बन्धों से धड़कते सामुदायिक जीवन का है, और वह कविता की भाषा को, सामाजिक व्यवहार और जीवन व्यवहार की भाषा से अलग-थलग, किसी ऐसे रूप में नहीं रचना चाहता, जिससे यह एहसास हो, कि यह भाषा 'व्यक्ति' के एटोमाइज्ड रूप की ही भाषा है। (इन्हीं उद्धरणों में पहले तो वह अपने को नागझिरी का भाट कहता है, और इस कथन को लयात्मक बखान की आन्तरिक ऊष्मा से विशेषीकृत करता हुआ, स्पष्ट शब्दों में बताता है, कि उसके लिए कविता का प्रयोजन क्या है?) इस अन्तिम उद्धरण को प्रस्तुत करने की सोचते हुए, मेरे मन में यह बात आयी थी, कि आख़िर चन्द्रकान्त ने इसमें वह मस्तिष्क अब अँधेरे में तन गया एक विद्युत प्रवाहित कविता की तरह या 'यह मस्तिष्क है या धरती का मूल कन्द' या 'लोगों के चेहरों में खोजने लगा, नये शब्द' जैसी पंक्तियाँ, क्या यह बताने के लिए ही नहीं लिखीं, कि उसकी कविता का मक़सद, निश्चय ही ऐसी कविता है, जिसे इस बात या धारणा से कोई गुरेज़ नहीं, कि कविता से वह कुछ ऐसा भी करना चाहता है, जो कविता या कला की प्रचलित मान्यताओं को तोड़े। सच तो यह है, कि वह लगभग शुरू से एक या कई

ऐसी कविताएँ लिखने की कोशिश करता रहा है, जो कविता के समकालीन वकीलों, विद्वानों की धारणाओं, विचारों की तोतारटन्त से कुछ ज़्यादा हों। विद्वानों की इस बहस को वह लगभग ठेंगा दिखाता हुआ लगता है, कि कविता साध्य है, या साधन ? उसे इस बहस से भी ज़्यादा मतलब नहीं, कि अगर वह कविता से कोई दूसरा काम लेना चाहता है या ले रहा है, तो सीधे वही काम क्यों नहीं करता ? दरअसल, इस तरह के सवाल समकालीन साहित्यिक पोलेमिक्स में लगातार दुहराते सवाल हैं। कलावाद और प्रगतिवाद के विवाद के दौरान, इन प्रश्नों को इस क़दर उछाला गया है, कि अब इनकी घनघोर अप्रासंगिकता के बावजूद, किसी बड़े और महत्त्वपूर्ण कवि की कविता की पहचान और मूल्यांकन की प्रक्रिया के दौरान, इन प्रश्नों को सिरे से दरकिनार करना या टालना मेरे ख़याल से समीचीन नहीं है। ख़ासकर इसलिए कि हिन्दी का कोई भी महत्त्वपूर्ण कवि इस बहस से पूरी तरह उदासीन नहीं रहा है।

यह ठीक है, कि कोई भी कवि, कविता लिखने का काम ही करता है और इस अर्थ में कवि का मुख्य प्रयोजन कविता लिखना है। पर कवि, जिस औज़ार से यह काम कर रहा है, वह भाषा है। भाषा, कविता के अलावा भी बहुत सारे काम करती रही है और इस अर्थ में भाषा, मनुष्य के सामाजिक व्यवहार का एक बहुआयामी क्षेत्र है। कविता, कब कविता बनती है और कैसे बनती है और उसे ऐसा बनाने में कवि किन विशिष्ट शक्तियों का इस्तेमाल करता है, जैसे थोड़े बहुप्रचारित बुनियादी सवालों को फ़िलहाल छोड़ भी दें, तो भी यह अस्वीकार करना कठिन होगा, कि सामाजिक व्यवहार में ही अपना नित नूतन अर्थ पाती भाषा में रची गयी कविता की दुनिया का, सामाजिक व्यवहार की दुनिया से किसी न किसी तरह का एक सम्बन्ध तो है ही। कविता का प्रयोजन भी भाषा की सामाजिकता से निर्मित इस संरचना से ही सम्बद्ध है। एक कवि होने के नाते, चन्द्रकान्त से यह तथ्य कभी नहीं बिसरता, कि भाषा ही वास्तविक व्यावहारिक चेतना है, और उसमें रची गयी संवेदनात्मक दुनिया, अचेतन आत्मकेन्द्रित और स्वयं परिभाषित सीमाओं में बँधकर नहीं रह सकती। सामाजिक व्यवहार की इस भाषा को उसकी अनेकायामिता में पहचानते हुए, अगर चन्द्रकान्त कविता लिख रहा है, तो इस अर्थ में उसका मुख्य प्रयोजन कविता ही है, पर इस प्रयोजन की मुख्यता, कविता की मान्य विधियों या रूढ़ियों के परिपालन

तक ही सीमित नहीं है। जैसा कि मैंने पहले भी कहा, कि उसकी कविता में संचारित ऊर्जा लगभग आद्यप्रारूपीय या आर्किटाइपल है, जो मनुष्यों के होने के संघर्ष से सहज भाव से जुड़ी है। इसकी जड़ें उस आदिम समूह जीवन की दुर्दम जिजीविषा में हैं और इसीलिए इसमें सर्वस्वीकार के भाव को किसी स्थिर दृष्टि के रूप में स्वीकार नहीं किया जा सकता है। इसमें उस आदिम वरण और नैतिकता की ज़ाहिर-बेज़ाहिर अनुगूँजें हैं, जब मनुष्यों ने सामुदायिक जीवन के शुरुआती दौर में अपनी अन्तरात्मिक कविता की पहचान का आरम्भ ही किया था। लेकिन यह आदिम कविता नहीं है। यह उस विशाल और विकराल साभ्यतिक सन्दर्भ की कविता है, जिसे बीसवीं सदी के महत्त्वपूर्ण कवियों ने तरह-तरह के रूपों में रचा है, और शायद हर किसी ने इस बात की निरन्तर कोशिश की है, कि वह कविता के संघर्ष की दिशा को इस रूप में भी पहचान सके, कि वह किसी भी अन्तिम परिभाषा की अन्तिम या एकमात्र पूर्व प्रदत्त 'सार' की धारणा से नहीं बँधी है। दूसरे, मुझे यह भी लगता है, कि कविता की देसी अवधारणा में इस तरह के अवरोधक नहीं हैं, कि उसकी हदें हमेशा के लिए तय हो जायें। तीसरी महत्त्वपूर्ण बात यह, कि कवि के काव्य प्रयोजन को कविता सम्बन्धी उसकी मान्यताओं, विचारों के आलोक में, या कि अन्तिम रूप से उसकी कविता के विन्यास में ही बेहतर ढंग से लक्षित किया जा सकता है। चन्द्रकान्त के एकदम शुरुआती दौर की ये पंक्तियाँ लें :

वह फुफकारते काले नाग का
उत्सव नहीं होगा
अभिव्यक्ति की दुर्घटना के नाम पर
पीपल पत्ते कुतरती बकरी का
आलीशान इतवार तो
कदापि नहीं होगा
फूहड़पन पर लेट कर
डकारने की प्रक्रिया के विरोध में
उसका अन्त
किसी प्रतिष्ठा की खूँटे में
कुछ भी टँगने का
उपक्रम नहीं होगा

पत्थरों के बीज
और बिन्दुओं के स्पर्श लेकर
पतझर के दर्पण जैसी कविता की नंगी हथेली पर
वह हरगिज़ नहीं टपकायेगा
किसी के नाम की हवाओं से
निचुड़ता शब्द का शहद
तो फिर उसके पुनरागमन को मैं क्या कहूँ।

यह चन्द्रकान्त के आरम्भिक संकलन की कविताओं से एक उद्धरण है। 'पुनरागमन' शीर्षक की यह कविता हो सकता है, कि सीधे-सीधे कविता के बारे में चाहे न लिखी गयी हो, पर जिस तरह के रूपकों में यहाँ अपनी बात वह कहता है, उससे यह साफ़ ज़ाहिर होता है, कि उसकी अपनी कविता की ज़ाहिर समावेशी धारणा में भी, एक विधि निषेध की अपनी व्यवस्था है। लेकिन उसका निषेध कविता को एक ख़ास तरह की काट की कविता के रूप में ही प्रस्तुत करनेवाले, बहुप्रचारित कलात्मक सेन्सर्स से सम्बन्धित नहीं है। उसके यहाँ तो उसकी कविता के खुलेपन में, हर शब्द और हर अनुभव को जगह है, बशर्ते कि वे शब्द, उसकी सर्जनात्मक बेचैनी से आवयविक रूप में जुड़े हों, पर इन बहुप्रचारित कलात्मक सेन्सर्स से उसकी भिड़न्त को, उसकी निजी चिढ़ के रूप में ही, या एक कवि के रूप में उसकी सीमाओं के रूप में (ही) देखा जाना उचित नहीं है। कविता लिखने और कविता की बद्धमूल अभिजनवर्गीय धारणा को झकझोरने, नकारने, तोड़ने, फोड़ने की उसकी आनुभविक मान्यता में, अटूट निरन्तरता के साथ उसे मथते रहनेवाली बेचैनी भी है। इसी बेचैनी के चलते वह कविता लिखने के काम में प्रवृत्त हुआ है। वह उसकी तात्कालिक फंक्शनलिटी को बहुत निजी स्तर पर अपने पूरे वजूद में सक्रिय पाता है। इसलिए लगभग पचास साल पहले की अपनी इस तरह की धारणात्मक अनुभूति को, वह तरह-तरह के विन्यास में प्रकट करता रहता है। उसके शीघ्र प्रकाश्य ताज़ा संकलन की ये पंक्तियाँ देखें :

उन फीतों को मैं कूड़ेदान में फेंक चुका हूँ
जिनमें भद्रलोग ज़िन्दगी और कविता की नाप-जोख करते हैं
मेरी क़िस्मत में यही अच्छा रहा कि आग और ग़ुस्से ने कभी

मेरा साथ नहीं छोड़ा
और मैंने उन लोगों पर यक़ीन कभी नहीं किया
जो घृणित युद्ध में शामिल हैं और सुभाषितों से रौंद रहे हैं
अजन्मी और नन्ही ख़ुशियों को
मेरी यही कोशिश रही
पत्थरों की तरह हवा में टकराएँ मेरे शब्द
और बीमार की डूबती नब्ज़ को थामकर
ताज़ा पत्तियों की साँस बन जायें।

पिछले उद्धरणों की तरह यहाँ भी चन्द्रकान्त के मन में अभिजनवर्गीय कला धारणाओं के प्रति एक तरह का भावनात्मक आक्रोश सक्रिय है, लेकिन उसे कलात्मक निर्माण के प्रयत्नों के विषय में, उसकी सैद्धान्तिक मान्यता की तरह पढ़ना उचित नहीं है। ख़ासकर इसलिए कि उसकी एकाधिक कविताओं के विन्यास में इस तरह की बातें, एक तरह की तीव्र भावात्मक प्रवहमानता का स्वतःस्फूर्त हिस्सा बनकर ही आती रही हैं। बेशक कला या कविता के स्थिर और जन-विमुख प्रतिमानों के बारे में उसकी राय दो-टूक है, लेकिन स्वयं उसके मन में कविता की जनोन्मुखता की धारणा का जो आनुभविक ऐब्स्ट्रैक्शन सतत् क्रियाशील है, वहाँ जनोन्मुखता की धारणा की कोई बाज़ारवादी, अभिजनवादी या पॉपुलिस्ट दृष्टि का स्पर्श तक नहीं है। आशय यह कि उसका काव्य प्रयोजन, महज़ इस नकार से ही प्रेरित, प्रभावित और रचित नहीं है, कि वह सजगता के साथ, कुछ बातों से अपने को बचाता रहा है। दरअसल, बचना, ख़ासकर समकालीन वास्तविकताओं की विकरालता से बचकर कलात्मक निर्मिति की किसी राह पर चलना, उसके स्वभाव में ही नहीं है, और वह बुनियादी तौर पर सुशिक्षित, शिष्ट और सुसंस्कृत कवि की तुलना में, थोड़ा अनगढ़ और अजीब कवि ही है, जो सारे कुछ को अपनी कविता में समो लेना चाहता है। वह सारा कुछ ही वास्तव में उसके काव्य विन्यास में रचा-बसा उसका काव्य प्रयोजन है। इसे न तो रैखिक वैचारिकता की प्रगतिशीलता में समझा जा सकता है, और न ही उस अवधारणा में, जो अनन्तरूपा वाणी की काव्यात्मकता को, कुछ आधुनिक नमूनों की कविता के सम्मानित रूपों की हदों में क़ैद कर देना चाहती है। अपने एक संचयन के आरम्भ में उसने 'थोड़ा कुछ कविता ही की जुबानी' शीर्षक से अपनी कविताओं से जो पंक्तियाँ उद्धृत की हैं, उनसे

यह स्पष्ट हो जाता है, कि वह कविता को, या काव्य प्रयोजन को, इस तरह का रूप नहीं देना चाहता, कि वह तथाकथित वर्ग शत्रु की आलोचना या क्रान्ति की कल्पना जैसी बातों तक ही सीमित होकर रह जाये। यह इसलिए, कि वह स्वयं कविता को एक विशिष्ट कलात्मक कर्म के रूप में ही जानता है और शायद इसलिए भी, कि वह कविता उसके भीतर, जिस सर्जनात्मक संघर्ष के दबाव से उद्भूत हुई है, उसकी जड़ें लोकजीवन के साथ उसके गहरे अन्तरात्मिक जुड़ाव में ही है। यह लोकजीवन भी किसी स्थिर अवधारणा या म्यूज़ियम में क़ैद लोकजीवन नहीं है, बल्कि आधुनिक विकास की त्रासदी को अपने अनुभवों में पहचानता और उनसे जूझता व्यापक भारतीय जनजीवन है और वह भारतीय मध्यवर्ग के आत्मचेतस् हिस्से में उतनी ही सक्रिय स्मृतियों के रूप में मौजूद है, जितनी, वास्तविक संघर्ष से सीधा साक्षात्कार करते करोड़ों भारतीयों की सर्जनात्मक जिजीविषा में। ज़ाहिर है, कि उसके काव्य प्रयोजन की विशाल बहुलता को मूर्त करने वाली इन पंक्तियों को पढ़ते हुए, या कि चन्द्रकान्त की कविता मात्र से कोई रिश्ता बनाते हुए, यह सजगता आवश्यक और अनिवार्य है, कि हम इसे किसी भी तरह की पूर्व निर्धारित धारणाओं की दृष्टि से पढ़ने से बचें, ताकि उसकी कलात्मक व्यंजकता को, उसके लिखने और जीने के अर्थ को, अपने अन्तरंग में रूप लेता देख सकें।

चन्द्रकान्त आधुनिक युग का कवि है, और हर कवि की तरह उसने भी अपनी सर्जनात्मकता को रूप देने के लिए आधुनिकता के औज़ारों का ही इस्तेमाल किया है। पर आधुनिकता उसके लिए महज़ औज़ार नहीं है। वह कोई किताबी बहस में इस्तेमाल की जानेवाली दृष्टि भी नहीं है। वह उसके होने को धारण करनेवाली एक सर्वदा गतिशील आनुभविक प्रक्रिया है। बीसवीं सदी के उत्तरार्द्ध से इक्कीसवीं सदी के इस शुरुआती दौर तक, अटूट निरन्तरता और वैसी ही शिद्दत से जारी उसकी कविता-यात्रा में, आज तक कोई थकान जैसी अनुभूति देखने को नहीं मिलती। बेशक, बिरले प्रसंगों की मन:स्थिति सूचक हलकी उदासी के बिम्ब, उसकी कविता-यात्रा में कभी-कभार ज़रूर उभरते हैं, पर उसकी आधुनिकता एकाधिक आधुनिक कवियों की कविता की तुलना में, आधुनिक जीवन को निजी तकलीफ़ों, शिकायतों और हताशा की काव्यरूढ़ि की तरह नहीं लेती। आधुनिकता का उसका बोध भी, जैसे आदिम मनुष्य की सर्जनात्मकता

और लोकजीवन में अपना प्रभाव डालती आधुनिकता की पहचान और परख से ही जुड़ा है। उसकी कविताओं से सरसरी तौर पर गुज़रने वाला कोई पाठक भी, यह सहज ही महसूस कर सकता है, कि आज के जीवन के विकट यथार्थ को, उसके बहुविध रूपों में देखते और दर्ज करते, अपने वरण की दिशा खोजना ही उसकी आधुनिकता है। इस अर्थ में उसके आधुनिक-बोध को, किसी तरह की सैद्धान्तिकता में नहीं, बल्कि आधुनिक सभ्यता के ख़ालिस भारतीय रूपों के स्वीकार और नकार में देखा जा सकता है। लेकिन, वह किसी भी रूप में भारतीय आधुनिकता या राष्ट्रीय आधुनिकता जैसी चीज़ नहीं है। सभ्यता की शुरुआत के समय से ही भारत के शिक्षित मध्यवर्ग के लोगों ने ही नहीं, बल्कि व्यापक भारतीय जनसमुदाय ने जिस तरह से और जिस स्तर पर, आधुनिक सभ्यता के ग्रहण की प्रक्रिया शुरू की थी, उसमें सहज मानवीय विवेक की सक्रियता भी थी। बेशक ग़ुलामी के दिनों में पश्चिमी विचारों और मूल्यों को स्वीकार करने की मजबूरियाँ भी थीं, या फिर इन्हें अपने विशिष्ट सांस्कृतिक सन्दर्भ में पहचानने, परखने की एक विकल आलोचनात्मक कोशिश भी इन्हीं दिनों शुरू हो चुकी थी। बाद की पीढ़ियों में पश्चिम के विज्ञान और उसके जनतन्त्र के स्वीकार को, एक सगुण संस्थात्मक रूपाकार मिल गया। चन्द्रकान्त के समकालीन अनेक कवियों में जनतन्त्र की इस उदार चेतना की स्वीकृति और आलोचना विविध रूपों में व्यक्त हुई है। राष्ट्रराज्य की भूमिका को लेकर, समाज में लगातार जारी हलचल और आन्दोलनों के प्रति, इस आलोचनात्मक रवैये को, चन्द्रकान्त की आधुनिकता के एक प्रमुख लक्षण के रूप में देखा जा सकता है, लेकिन तब भी इस बात का हमेशा ध्यान रखना होगा, कि इस लक्षण की लाक्षणिकता और व्यंजकता का मुख्य सन्दर्भ ही नहीं, बल्कि उसका बुनियादी आधार ही चन्द्रकान्त की कविता है। एक कवि की संवेदनशीलता और कल्पनाशीलता से ही चन्द्रकान्त ने इस विराटतन्त्र को, जन की हिस्सेदारी, या उसकी बेहतरी के एक बड़े आस्तित्विक सवाल की तरह देखने की कोशिश की है।

कवि की तरह, देखने का अर्थ ही है, कि उदार जनतन्त्र की बुनियादी मूल्यचेतना और उसके ख़ालिस देसी रूप की फंक्शनलिटी को, महज़ सामान्यीकरण की उस बौद्धिकता के विवेचन से भिन्न, संवेदना और अनुभव के मुहावरे में पकड़ने की कोशिश हो। यह भी ध्यान रहे, कि

विकास के सगुण साकार सन्दर्भ या कि तथाकथित जनतन्त्रीय संस्थाओं के समाज व्यवहारी रूपों के विकास कार्यों की ठोस असलियत में, इस प्रतिरोधात्मक आलोचना को ऐसा रूपाकार मिल सके, जो गुणगान या महिमामण्डन के ख़तरों से हमें सचेत बनाये रखे। ज़ाहिर है, कि कवि की तरह अपने पास-पड़ोस को देखते हुए, आलोचनात्मक दृष्टि विकसित करने के इस काम के लिए, सबसे ज़रूरी यह है, कि कवि का रुख़ आत्मालोचन की एक अटूट और निरन्तर प्रक्रिया से कभी विच्छिन्न न हो, और दूसरी ओर यह भी, कि आत्मरत्यात्मक, आत्मपरकता के चलते, जागनेवाली उस प्रवृत्ति से भी, वह अपने को भरसक बचाये रखे, जो वस्तु निरूपण की प्रक्रिया को ही धुँधला करती, सारे अन्तर्मंथन और तमाम आत्मालोचना को एक तरह की प्रदर्शनात्मक आत्मदया में बदलने लगती है। इस तरह की आत्मदया के उदाहरण हिन्दी में कम नहीं हैं। पर चन्द्रकान्त के आलोचनात्मक रवैये की ख़ासियत इसी बात में है, कि स्वतःस्फूर्त उद्दामता के मुखर रेटॉरिक के बावजूद, उसकी संरचना में एक तरह का आन्तरिक संयम है और वह निरे अभियोग की भाषा जैसी लगनेवाली आलोचना नहीं है। उसे पढ़ते हुए टेरी इगलटन की यह बात याद आती ही रहती है, कि

> आधुनिक आलोचना निरंकुश एकच्छत्रवादी राज्य के विरुद्ध संघर्ष के कारण जन्मी थी और अगर उसे साम्प्रतिक पूँजीवादी राज्य के विरुद्ध संघर्ष की तरह परिभाषित नहीं किया जाता है, तो शायद उसका कोई भविष्य नहीं है।

चन्द्रकान्त की कविता में आलोचना को इसी अर्थ में सक्रिय देखा जाना चाहिए, कि वह साभ्यतिक सन्दर्भों में पूँजीवादी राज्य व्यवस्था की ज़ाहिर और तीख़ी आलोचना है। पर उसकी कविता कोरमकोर आलोचना की कविता नहीं है। वह अपनों के बीच खुली बातचीत की कविता है। अपनों से प्रेम के दौरान, अपनी पक्षधरता को पहचानती यह कविता, वास्तव में प्रेम कविता ही है, लेकिन ज़ाहिर शृंगारिकता और स्त्री सान्निध्य से सन्दर्भित प्रेम कविताओं में, हमें चन्द्रकान्त के कवि का एक निराला ही रूप देखने को मिलता है। यों तो लगभग वर्णनात्मक विषयों को लिखती उसकी कविता में भी हम, अनुभूति की यथोचित बंकिमता और कल्पना की अजस्र उड़ान से रचित बिम्बात्मकता को जानते हैं, लेकिन प्रेम कविताओं में तो जैसे उसकी अनुभूति और कल्पना की धारा का बिम्बात्मक प्रवाह हमें बहाने-सा लगता

है। ऐसी कविताओं को पढ़ते हुए यह महसूस होता है, कि यह महज़ स्त्री साथ की लालसा से जुड़ी कल्पना नहीं है, बल्कि इसमें इस साथ के सम्भावित विस्तार की सुघड़ सर्जनात्मकता है। कुछ पंक्तियाँ देखें :

जहाँ प्रपात गिरते हैं गरजते हुए
वहीं हम सूखी पत्तियों के बीच
ढूँढ़ लेंगे सामसूम जगह कोई
जान लेंगे ठण्डी सफ़ेद फुसफुसाहटों के सहारे
शताब्दियों के क़िस्से का थोड़ा सा हिसाब
पाँच सौ वर्ष पहले जब हम छोटे थे
तब भी क्या तुम्हारा वही नाम था
मैं पूछूँगा और प्रपात गरजता रहेगा

इस तरह की पंक्तियों को पढ़ते हुए हम महसूस करते हैं, कि चन्द्रकान्त का कवि, शृंगार को महज़ तात्कालिक ऐन्द्रिक उत्तेजना की तरह नहीं जानता। वह प्रेमानुभूति की अनगिन भाव स्थितियों का कवि है और कोई भी भावस्थिति महज़ उसके आत्मकथात्मक निजीपन तक सीमित नहीं है, लेकिन मज़े की बात यह है, कि अपने आत्मविस्तार में वह इतना हवाई भी नहीं है, कि आप उसे ठोस व्यक्तियों के अनुभवों से दूर के अनुभव की तरह देख सकें। दरअसल, प्रकृति के जिन जीवन्त रूपकों में चन्द्रकान्त अपने प्रेम को लिखता है, वे महज़ सजावटी रूपक नहीं हैं। वह स्वयं असीम प्राकृतिकता के साथ अपने अन्दर उफनते प्रेम को लिखने की कोशिश करता हुआ, एक मामूली लेकिन कल्पनाशील व्यक्ति की तरह वहाँ मौजूद भी है, पर अपनी इस मौजूदगी को वह निरे व्यक्तिगत की तरह प्रस्तुत करने के बदले, उसे अपनी कविता के विन्यास का एक आवयविक हिस्सा बनाता है। इसलिए कई बार यह लगता है, कि शायद कविता से प्रेम ने ही उसे स्त्री से प्रेम करने की यह ऊर्जा दी है। और कई बार इससे उलट यह भी, कि स्त्री से प्रेम के बहुविध और बहुआयामी अनुभवों से सम्पन्न होने के कारण ही, वह कविता को प्राकृतिक ऊर्जा का यह विलक्षण विन्यास दे सका है। यह आकस्मिक नहीं है, कि बारिश को लिखते हुए भी वह यह कहता है कि :

उन्मत्त हवाओं के सींगों पर थमे बादल
प्रेम करती असंख्य स्त्रियों सी बदहवास यह बारिश

इतनी सुन्दरता इतनी हरियाली
...   .
पानी की झालरें उफनती नदियाँ
और अपनी इस गर्भवती पृथ्वी ने

मुझे जंगली बना दिया है
इस जंगलीपन में जी लेने की
इसमें मर जाने की ताक़त दो मुझे

लेकिन इसका अर्थ यह नहीं लिया जाना चाहिए, कि अपने प्रेम में, अपनी आदिमता की पुकार को पहचानता चन्द्रकान्त, उसे किसी सभ्यता से परे की तृष्णा की तरह लेना चाहता है। जैसा कि लेख के आरम्भ में ही कहा गया, कि वह आदिमता की ऊर्जा को, कविता के विन्यास में विशिष्ट आत्मविस्तारक प्रयोजन के साथ विन्यस्त करता है, और इसलिए वह यह भी कहता है :

पंख की तरह रहेंगे
पत्थरों, कन्दराओं, भू-गर्भ की कोख की तरह
और पृथ्वी
मुर्गी की तरह अपने इन अण्डों को सेती रहेगी

होंठों और पलकों से ज़ख़्मों को यूँ
सहलायेंगे कवि, जैसे अँधेरे में कोई
अपनी गर्भवती प्रिया के उदर को

आत्मविस्तार की आत्मीय कविता

चन्द्रकान्त देवताले की ये कविताएँ मैंने कई बार पढ़ी हैं, पर इन कविताओं पर पेशेवर समीक्षक की तरह लिखना मेरे लिए मुमकिन नहीं है। मेरे लिए यह ऐसी कविता है, जो मुझे बहुत गहरे में आन्दोलित करती है। इस अन्दरूनी हलचल को, इस विचित्र कायान्तरण को, रचनात्मक ऊर्जा की इस अजस्र प्रवहमानता को, अनुभव, कल्पना, स्मृति, विचार, सामाजिक न्याय, वर्गचेतना, संघर्ष, प्रतिबद्धता और मनुष्यता की इस विलक्षण भावसंकुल संवेदनागझिन कविता को, अपने भीतर मैं एक स्वत:स्फूर्त आत्मविस्तार की तरह महसूस करता हूँ। यह एक चित्र-विचित्र संसार है, जिसे मैं ऐसे जान रहा हूँ, जैसे पहली बार देख रहा होऊँ। यह महज़ स्तब्ध करनेवाला विस्मय-बोध भर नहीं है। यह अपने ही विराट अस्तित्व के ज़र्रे-ज़र्रे से गुज़रने और उसमें विचरते रहने की, सुलगते रहने की अद्‌भुत कथा है। हिन्दी भाषा की जिजीविषा की जड़ों से रस खींचती, इस कविता को कुछेक पारिभाषिक तकनीकी शब्दों की सीमा में बाँधने की कोशिश फिज़ूल है।

इस कविता का संवेदनात्मक आत्मविस्तार अनुपम और अनूठा है, पर यह केवल विषय की विविधता के कारण ही नहीं है। यह सही है, कि चन्द्रकान्त ने इतने सारे विषयों पर कविता लिखी है, कि महज़ उनके शीर्षकों के आधार पर ही, उनके काव्य-संसार के विस्तार को सहज ही समझा जा सकता है। पर चन्द्रकान्त काव्य-विषय को न तो किसी ख़ास भूगोल में सीमित करता है, और न ही ख़ास घटना में उसे बाँध देता है। चन्द्रकान्त की कविता के विषय वस्तु-संसार के ऐतिहासिक तथ्य मात्र नहीं है, एक अदम्य और अनवरत जारी सृजनात्मक ऊर्जा के जादुई स्पर्श से ही, चन्द्रकान्त इन विषयों का काव्य रूपान्तरण करता है। वास्तव में यह ऊर्जा ही, उसके

आत्ममन्थन और उसकी जगत्-समीक्षा की जननी है।

रचने-गढ़ने की इस इच्छा से आत्यन्तिक रूप से और आवयविक स्तर पर संलग्न, इसी ऊर्जा के चलते ही, वह विषयों की विविधता को जैसे अपने आत्म में ही अनुभव करता रहता है। वस्तुस्थिति का वर्णन या विषय-वस्तु के चयन के पीछे भी, अन्दर एक बेचैन आवाज़ ही सक्रिय रहती है। पाठक इस आवाज़ को और पूरी कविता में गतिमान इसके कम्पन और इसके रेज़ोनेन्स को ही, जैसे विषय या उसके सामाजिक सन्दर्भ या उसकी प्रासंगिकता से भी पहले, अपने काव्य-पाठ के तत्काल बाद महसूस कर सकते हैं और सम्भवत: करते ही हैं। उसकी कविताओं में मौजूद लयों की विविधता के पीछे शिल्पसंयम या कौशल या नवाचार की ज़ाहिर चेष्टा की जगह, एक तरह की रागाविष्ट स्वत:स्फूर्तता ही अधिक है। इसी वजह से उसके वस्तुवर्णन भी किसी रैखिक वैचारिकता में विन्यस्त नहीं लगते। वह स्वयं विचार को, कविता के लिए अछूत माननेवाला कवि नहीं है। गहन सामुदायिक बोध को अनुभूत्यात्मक और कलात्मक स्तर पर रचनेवाला एक प्रतिबद्ध और पक्षधर कवि ही है वह। लोकजीवन के संघर्ष की पक्षधरता और पूँजी की निरंकुश अन्यायी सत्ता के प्रतिपक्ष की कविता तो जैसे उसकी रचनाशीलता का बुनियादी कन्सर्न ही है। कला की स्वायत्तता, सुघड़ता की संघर्षविमुख, सुरक्षाभिमुख अवधारणाओं को तो वह अपनी काव्य-यात्रा के आरम्भिक चरण में ही कूड़ेदान में फेंक चुका है। मार्क्सवाद के प्रति उसकी घोषित प्रतिबद्धता भी एक सर्वविदित तथ्य है। पर उसके लिए यह विचार आत्मप्रदर्शन का इश्तहार भर नहीं है। वास्तव में उसकी कविता की पक्षधर वैचारिकता या उसकी प्रतिबद्धता का स्रोत, मानव विवेक के आदिम संघर्ष में और अपनी लोकोन्मुख सांस्कृतिक परम्परा में है। लोकजीवन के साथ उसकी गहरी आन्तरिक सम्पृक्ति के कई उदाहरण उसकी कविताओं में मौजूद है। अपने वयस्क दिनों में लोक के साथ साक्षात् अनुभवों से दूर होते जाने की वजह से, उसने एकाधिक कविताओं में बड़े नास्टेल्जिक भाव से लोकानुभव के उन सरल, सहज दिनों को याद किया है। लेकिन अपने आधुनिक प्रतिबद्ध विचार की कल्पनाशील सक्रियता के कारण, वह यह भी जानता है, कि आज की साभ्यतिक रफ़्तार और तकनीकी प्रसार के ख़ालिस देशी समय में, लोक को भावुक शरणस्थली की तरह लेना मुमकिन नहीं है, क्योंकि वैसा कोई लोक तो अब बचा ही

नहीं। बेशक संवेदना और संघर्ष की वह भावना और नैतिकता ज़रूर अभी भी बची हुई है, जिससे लोक के साथ एक प्रासंगिक संवाद को, एक कवि की तरह जारी रखा जा सकता है, लेकिन अपनी कविता में ही, जिसके लिए विचार अछूत नहीं है। लेकिन जो किसी भी महान या घटिया अर्थ और रूप में, उसकी कविता का स्थानापन्न नहीं और न ही निर्देशक है।

चन्द्रकान्त देवताले की कविताओं के भीतर, उसकी अन्तर्दृष्टि की ही सक्रियता है। इसी वजह से एक ओर तो वह अपने वस्तुपरक आख्यान को, एक तरह की आवेगपूरित साझेदारी के साथ कुछ इस तरह से रचता है, कि वह महज़ किसी घटना की प्रतिक्रिया मात्र नहीं रह जाती। दूसरी ओर अपने इस आत्मविस्तारपरक विज़न के ही चलते, अपने वैचारिक वर्गबोध को, सत्ता के प्रतिपक्ष में होने और बने रहने के अपने अक्षुण्ण काव्य-संकल्प को, एक ऐसी व्यापकता भी देता है, कि जो व्यापकता अस्तित्व के अनुभवों, जिज्ञासाओं और सवालों को भी अपने में समो लेती है। इस तरह के लोक रचनात्मक विस्तार को, व्यक्ति की सीमित निजता या समूह समारोह के किसी अवधारणात्मक बोध के आधार पर, उसकी मार्मिक प्रभविष्णुता के साथ अपने भीतर महसूस कर सकना, शायद सम्भव नहीं है। शायद इस तरह का कोई पाठ उसकी कविताओं के रागदीप्त, कल्पना-उन्मेषित, स्वभाव, स्वरूप और संरचना की एक पिष्टोक्तिपरक समझ ही पैदा कर सकता है। लोकजीवन की स्मृतियों के साथ वर्तमान की करुण त्रासदी को एकमेक करती उसकी कल्पना के विन्यास में, इसलिए ही व्यक्ति की निजता और वृहत्तर जनसमाज के होने के सुख-दुख और संघर्ष के बीच, वैसा कोई एक्सक्लूसिव (अपवर्जी) विभाजन नहीं है, जैसा कि समीक्षा रूढ़ियों से निर्देशित व्याख्याओं से लग सकता है। व्यक्ति की निजता के स्वीकारोक्तिमूलक और प्रेमानुभूति की बेहद निजी अन्तर्दशाओं को, कल्पनाशील विन्यास में प्रकट करनेवाली कई कविताएँ उसके यहाँ हैं। लेकिन उनमें भी उसके अन्तर्मन को प्रकट करनेवाले मानव सम्बन्धों की एक विशाल दुनिया की मौजूदगी है। यह आकस्मिक ही नहीं है, कि अपने नैसर्गिक ब्रह्माण्डीय प्रकृति-बोध के साथ-साथ, उसकी कविताओं में हर कहीं घर, परिवार, गाँव, शहर और देश-दुनिया में धड़कती अनगिन ज़िन्दगियों की कथा है। उसकी कविता के विविधरंगी संसार को आनुभविक स्तर पर पाने के लिए किसी सामान्यीकरण के बदले, उसे उसकी विशिष्ट कविताओं

के माध्यम से ही समझने की कोशिश समुचित है।

इस संकलन के लिए चन्द्रकान्त की कविताएँ चुनते हुए मैंने इस बात की कोशिश की है, कि पाठक यह अनुभव कर सकें, कि विविधरंगी विषयों, सन्दर्भों की बहुलता से समृद्ध यह काव्य-संसार, एक गहरे सामाजिक, सांस्कृतिक, राजनीतिक कन्सर्न की गतिमानता से ही जीवन्त है। एकदम आरम्भ की कविता में वह श्रम और संस्कृति के बेजोड़ साहचर्य को मूल्यचेतना की तरह अपने काव्य-विन्यास में रचता है। वही मूल्यचेतना उसके पूरे काव्य-जगत् में प्राणधारा की तरह प्रवाहित है। वह 'कबीर, ग़ालिब, मीरा' की स्मृति को पत्थर तोड़ने और अन्न उगानेवाले हाथों से अलग करके देख ही नहीं सकता। इसीलिए चुस्त-दुरुस्त, सुघड़ रिझाऊ स्थापत्य की जगह, उसकी कविता में अनगढ़, ऊबड़-खाबड़ और अनचले रास्तों पर चलने की एक बनैली गति है। उसकी कल्पना में हर कहीं सक्रिय प्रकृति की आदिमता की उपस्थिति, अगर उसकी प्रेम कविताओं को अतियथार्थवादी संयोजन का रूप देती हुई लगती है, तो वहीं पारिवारिक और गाँव-घरों की स्त्रियों की याद करते हुए, वह उन सम्बन्धों की ऊष्मा और आज की नितान्त व्यक्तिकेन्द्रित ज़िन्दगियों के विशेष सन्दर्भ में, उनकी ज़रूरत और प्रासंगिकता को रेखांकित करता है। लेकिन इसके भी पहले वह खुले मन से कहता है :

> मेरे पास छिपाने को कुछ भी नहीं
> ... ...
> हाँ छिपाने को होता है बहुत कुछ
> हर व्यक्ति के पास
> पर मैं तो उगल चुका कविताओं में
> अपने सब भेद

अपने नितान्त व्यक्तिगत को सबके सामने उघारने और उसे सार्वजनिक करने की ऐसी घोषणा को, तभी उसके सार्थक रूप में समझा जा सकता है, जब हम इस तरह की कविताओं को उनकी समग्रता में पढ़ें। यहाँ स्वीकारोक्ति को आत्मप्रदर्शन की तरह नहीं, बल्कि अपने को निरन्तर जानने की कोशिश की तरह ही लिया जाना चाहिए। यों भी इसी संकलन में संकलित इस तरह की व्यक्तिगत कविताओं को अगर हम पढ़ें, तो इनमें से उभरते व्यक्ति

बिम्ब से हम स्वयं यह अनुभव करेंगे, कि यह परिवार और समाज में जीता–मरता बिलकुल हमारी तरह का एक व्यक्ति है, जो हमें बड़े विश्वास के साथ अपने अन्तरंग का साझीदार बना रहा है और यह व्यक्ति कोई अमूर्तन नहीं है, बल्कि निरन्तर आत्मालोचन की गहरी प्रक्रिया से गुज़रता, एक ऐसा व्यक्ति है, जो आत्मदया की प्रदर्शनात्मक भाषा से परे, अपनी ताक़त और अपनी कमज़ोरियों की पहचान के रास्ते से ही, सत्ता की क्रूरता और सभ्यता की अमानवीयता की आक्रामक आलोचना को, बड़े ही स्वत:स्फूर्त ढंग से अपनी कविता के भावोन्मेषित विन्यास में रचता है।

उसकी प्रेम कविताओं के आरम्भिक दौर में, हम उसकी कल्पना के विचित्र चित्रात्मक रूप से परिचित होते हैं। प्रथम पाठ से ही हम यह महसूस कर सकते हैं, कि ये ऐसी कविताएँ हैं, जो निरी आर्थी संरचना के तर्कपूर्ण विश्लेषण से अलग, चाह की एक अन्दरूनी मन्थर लय से ही रची गयी है। अपनी ज़िन्दगी के सारे भेद अपनी कविता में लिख देनेवाला यह कवि, एक ऐसी कल्पना की दुनिया में हमें ले जा रहा है, जहाँ उसकी कविताओं में अन्तर्निहित व्यंजकता को हम अपनी ही मुक्त कल्पनाशीलता और अपनी स्मृतियों की अन्तरंगता में आत्मसात् कर सकते हैं। ऐसा लगता है, जैसे यह लय और कल्पना ही इन कविताओं को एक अन्तरंग नानार्थता देती है। 'नवम्बर में तैरती आँखें' 'ब्लेड' और 'धनुष पर चिड़िया' ऐसी ही कविताएँ हैं। लेकिन स्त्री के प्रति अपने रुख़ और अपने सम्मान के भाव को, वह इरॉटिक प्रेमानुभूति की सुन्दर कल्पना में ही नहीं लिखता। पारिवारिक और मानवीय सम्बन्धों की दुनिया में आत्मसजग संस्कारी व्यक्ति की तरह जीते हुए ही, उसने लड़ती–मरती स्त्रियों के अनेक रूप देखे हैं। आजी, माँ, पत्नी, बेटी जैसे रूपों में उसके अन्तर्जीवन में शामिल, स्त्रियों से ही उसे वह दिशा मिली है, कि वह जानलेवा संघर्षों के बीच, पुरुषकेन्द्रित अहंकारी संसार की क्रूरता को झेलती, स्त्रियों की पीड़ा और यातना को लिख सके। चन्द्रकान्त की कविता में स्त्री की जीवन्त उपस्थिति का कारण, शायद उसी उत्कट संवेदनशील सामाजिक समझ है, जिसकी वजह से वह महसूस करता है, कि सामाजिक, आर्थिक शोषण और क्रूर मर्दाने व्यवहार के चलते, स्त्री सचमुच सर्वहारा के लिए किये जानेवाले किसी भी संघर्ष का प्रस्थान बिन्दु है, लेकिन इसे नारीवाद की किताबी बहस के रास्तों के अलावा, ऐसे तरीक़ों से भी शुरू किये जाने की ज़रूरत है, जिन्हें इस

विशिष्ट देशकाल के सन्दर्भ में, एक समुचित लोकव्यवहारी रूप मिल सके। इसीलिए प्रेमानुभूति और पारिवारिक सम्बन्धों की प्रेरक भावप्रवण स्मृतियों से आगे जाकर, वह स्त्रियों के संघर्ष के ऐसे रूपों से हमारा साक्षात्कार कराता है, कि हम महसूस कर सकें कि नारीवाद के अन्तर्गत स्त्रियों की स्वतन्त्रता पर बहस करते मध्यवर्गीय अभिजनों की दुनिया के बाहर, स्त्रियों की यातना और संघर्ष का वास्तविक व्यावहारिक रूप कितना त्रासद और अमानवीय है और इस यातना और संघर्ष से हम अपनी बहसों में अभी भी कितने दूर हैं। उसके एक संकलन में प्रकाशित 'औरत', 'बालम ककड़ी बेचनेवाली', 'कोई नहीं उसके साथ' जैसी कविताओं के माध्यम से हम स्त्री के ऐसे जानलेवा संघर्ष को पहचानते हैं, जबकि 'जनवरी में बारिश', 'माँ जब खाना परोसती थी' या 'बेटी के घर से लौटना' जैसी कविताओं में हम, चन्द्रकान्त को ऐसी स्त्रियों के बारे में बातें करते हुए पाते हैं, जो उसके अपने ही जीवन का अविभाज्य अंग है। पर ऐसी कविताओं के बीच जब हम 'बाई दरद ले' जैसी कविता में सम्बोधित स्त्री को देखते हैं, तो इस अमानुषिक समय में रहने की दहशत से घिर जाने के बावजूद, उम्मीद की लौ को जिलाये रखते हैं। अमानवीय दहशत की शिकार, लाचार और असहाय स्त्रियों को लड़ने, जीने और सिरजने को प्रेरित करती, इस कविता की कुछ पंक्तियाँ लें :

बाई दरद ले
सुन बहते पानी की आवाज़
हाँ! ऐसे ही देख ऊपर हरी पत्तियाँ
सुन उसके रोने की आवाज़
जो अभी होने को है
ज़िन्दा हो जायेगी तेरी देह
झरने लगेगा दूध
दो नन्हे होंटों के लिए

यह सम्बोधन उस औरत को है, जो वहशी, बलात्कार का शिकार होने के बाद आसन्नप्रसवा है और दूसरों के क्रूरतम अपराध को अपना पाप मानकर लगातार सोच रही है, कि न आये उसका बच्चा गर्भ से बाहर। पर इस घटना के सन्दर्भ की यह कथा, कवि की भाषा में उसकी करुणार्द्र पुकार में

रूपान्तरित होती दिखती है। इसे पढ़कर कोई भी यह महसूस कर सकता है, कि सत्ता और ताक़तवर समाज की ऐसी क्रूरता के विरुद्ध बौद्धिक और संवेदनात्मक स्तर पर आक्रामक आलोचना की जितनी ज़रूरत है, उतनी ही ज़रूरत इस समझ को सक्रिय करने की भी है, कि स्त्री के साथ होनेवाले ऐसे अत्याचार के मामलों के सन्दर्भ में, नैतिकता के ठेकेदारों और समाज के रखवालों की सदियों से चली आती मान्यताओं पर भी, लगातार चोट पड़ती रहे। चन्द्रकान्त के यहाँ उसकी कविता की निर्बाध गति में विन्यस्त, ऐसी ही लगातार की जानेवाली चोटें हैं, जो हमारे मर्म पर पड़ती हैं। इसे हम महज़ सुन्दर कविता पढ़ने की तरह नहीं पढ़ पाते, कि पढ़ें और औपचारिक प्रशंसा की कुछ जड़ाऊ पंक्तियाँ लिखने या कहने के बाद भूल जायें। इसी गहरे अर्थ में चन्द्रकान्त की कविता हमारी स्मृति में रच-बस जानेवाली, देसी दिमाग़ और दिल की कविता है।

उपभोग और उन्माद की सभ्यता के बेरोक प्रसार, राजनीतिक संस्कृति में लगातार जारी गिरावट, शोषण, दमन और अन्याय को पालने-पोसने वाली बाज़ारू रफ़्तार के विरुद्ध ख़ालिस देसी सन्दर्भों के धधकते अनुभवों में वाग्मिता और बेबाकी से विन्यस्त चन्द्रकान्त की कविता, कवि की पक्षधरता का एक मार्मिक और अविस्मरणीय दस्तावेज़ है। व्यापक लोकजीवन के संघर्ष के बीचो-बीच रहकर हासिल की गयी यह पक्षधरता, सूचनात्मक जानकारियों और खिलंदड़े कौशल या चतुराई से अलग, दिलोजान से इस संघर्ष में शामिल एक ऐसे आत्मसजग मध्यवर्गीय भारतीय व्यक्ति की कविता है, जो लोकानुभव की अन्तर्दृष्टि से ही, अपनी पक्षधरता और संघर्ष की दिशाएँ खोजता रहा है। उसके काव्य-संसार में ऐसी कई कविताएँ हैं, जिन्हें पढ़कर पाठक सहज ही महसूस करेंगे, कि वह किसी सुरक्षित दूरी से, किसी सुन्दर विज़न से देखे गये, जन के जीवन की सुघड़ और रोचक कविता भर नहीं है। इन कविताओं के आख्यान की भाषा में, जैसे आत्मानुभव की आँच ही है। इसीलिए ये कविताएँ हमें महज़ काव्यवस्तु की प्रासंगिकता और विविधता से ही नहीं, बल्कि उसकी विशिष्ट स्थानिकता और उसकी संरचना की गतिकी के विभिन्न आयामों से परिचित कराती हैं। वास्तव में ये कविताएँ पाठक की ग्रहणशीलता की प्रक्रिया को ही झकझोरती है। पाठकीय अनुभव के स्तर पर हम पढ़ने, सुनने, देखने, गुनने और समझने की जिस प्रक्रिया से गुज़रते हैं, वह प्रक्रिया ही जैसे हमें इन कविताओं की

मार्मिक अर्थच्छवियों के भीतर ले जाती हैं। हम अपने भीतर देखे, जाने, सुने, गुने को ही, जैसे उसकी भाषा से एकमेक होते देखते पाते हैं, कि किसी अकादेमिक विचार के सार संक्षेप की तरह उसका वर्णन करना हमें नाकाफ़ी ही नहीं, ग़लत लगने लगता है। ये पंक्तियाँ पढ़ें :

हवा को घायल करते विराट् अस्थिपंजर
घर के उजाले को रोकते ख़तरनाक पंजे
मस्तिष्क के भीतर टूटते आवाज़ों के दरख़्त
रौंदते धरती का गर्भ मशीनों के दाँतेदार पाँव
और नींद में भी कर देते छेद समर्थ पीठासीनों के भेड़िया दाँत
तैरते जीवन के सपने
दीवारों पर संझा के माँडने, आँगन में हल्दी की गन्ध
गर्भवती साँसों की ऊष्मा से पिघलता चन्द्रमा
दाना-पानी करते गाय-बैलों को सहलाते हाथ
धरती-आकाश को ताकती उम्मीदभरी जवान आँखें
भूख के अँधेरे में भी चमकती रोशनी की प्यास

कई खण्डों में विभाजित सुदीर्घ कविता 'नागझिरी' के इस अंश में सभ्यता और विकास की आलोचना के प्रखर स्वर में, जैसे किसी आन्दोलन की पुकार की तरह शामिल कवि का मन, महज़ उस आक्रोश और नफ़रत और नकार के रूप में नहीं, बल्कि उस प्रेम और उस सृजन के रूप में भी उजागर है, जो उसकी आक्रामक आलोचना को उम्मीद और करुणा की आर्द्रता में भिगोये रहते हैं। शुरू में ही मैंने कहा था, कि चन्द्रकान्त की कविता श्रम के सम्मान और लोकसंस्कृति की स्मृतियों से ही अपनी मूल्यचेतना को निरन्तर संस्कारित करती रही है। इसीलिए उसके यहाँ न तो भारतभूमि में जन्म लेने और जीने की गद्‌गद आत्ममुग्ध भारतीयता है, और न ही ऐसी कोई महान् विश्व-दृष्टि, जिसे पास पड़ोस के रोज़मर्रे का दुःख और अन्याय ही न दिखे। शायद उसकी आलोचना पश्चिमी आधुनिकता के अन्ध स्वीकार पर आधारित नहीं है। शायद उसे उसकी स्मृति में जीवन्त, उन भावप्रवण छवियों से जुड़कर ही समझा जा सकता है, जिन्हें वह पूरी भावुकता के साथ 'गाँव तो थूक नहीं सकता था मेरी हथेली पर', जैसी कविता में इस तरह लिखता है, जैसे अपने सूख चुके आँसुओं में खोज रहा हो अपना अतीत।

पर अपनी भावुकता के बावजूद, बल्कि शायद उसी के कारण, वह 'हाय पाँव नंगे बस्तर को कपड़े पहनायेगा' से लेकर 'माफ़िया सरगने की हिदायतें' जैसी कविताओं तक में, तरह तरह से उस प्रेम को ही लिखने की कोशिश करता रहा है, जिसे आज के समय में आग और आक्रमण की ज़बान में ही लिखा जा सकता है। चन्द्रकान्त देवताले की कविता का सार अगर करना ही हो, तो मुक्तिबोध के शब्दों में, 'वह आवेगत्वरिता कालयात्री' है।

धरती को बाँझ बनाने की साजिशों के विरुद्ध

अख़बार की कोई ख़बर या रोज़मर्रा की कोई घटना, कैसे हमारे समय, हमारी सभ्यता और हमारी अन्तरात्मा का दहकता सवाल बन जाती है—चन्द्रकान्त की कविता इसका विरल उदाहरण है। इसमें हम अपने समय को अपने आवयविक अनुभवों की तरह पहचानते हैं, और यह पहचान महज़ विश्वसनीय या प्रामाणिक ही नहीं, कई बार अविस्मरणीय भी होती है। इसमें हमारे समय की करुण पुकार है, अन्दरूनी बेचैनी की गति में मानों हमारे अन्तर्मन का दुख है, और निश्चय ही यहाँ हमारा आक्रोश, हमारी नफ़रत, हमारा प्यार और हमारा संघर्ष भी है। हमारे समग्र होने के साथ, इस समय के दुख का इतना गहरा रिश्ता है, कि इन कविताओं को हम दूर की घटनाओं की संवेदनशील प्रतिक्रिया की तरह ही नहीं पढ़ पाते।

चन्द्रकान्त, इतिहास को अपने अन्तर्मन की लिखत की सचित्रता और सस्वरता में दर्ज करता है। समय को सगुण साकार रूपों में प्रस्तुत करने की उसकी कोशिश, जिस कशिश से सम्भव होती है, कविता उसी कशिश की सगी है। इसीलिए उसके यहाँ सार्वजनिक संकट के मुद्दों और घटनाओं पर, उसकी बेचैन हिस्सेदारी की ऊष्मा के हस्ताक्षर हैं। इतिहास, उसकी कविता में, रोज़मर्रा के अनुभवों के भीतर ही रूपायित होता है। इसलिए यथार्थ के उसके प्रस्तुतीकरण में सक्रिय उसकी पक्षधर दृष्टि को, महज़ सूचनात्मक स्तर पर ग्रहण करना न तो उचित है, और न ही सम्भव। उसके यहाँ समय की तथ्यधर्मिता ही कविता का एकमात्र और केन्द्रीय कारक नहीं है। हर तथ्य, निरे तथ्य से कुछ अधिक है—जैसी बात को वह कवि की भाषा की मुक्त कल्पना में विन्यस्त करता है। उसे सार्वजनिक और निजी के एकदम अलग-थलग ख़ानों में बाँटकर पढ़ना, अव्वल तो नाकाफ़ी है और कई बार ग़लत भी।

उसकी हर कविता में एक विशिष्ट स्थानिकता है और शायद इतिहास की गति की उसकी पहचान, इसी ठोस स्थानिकता की ज़मीन पर आकार लेती है। 'कठफोड़वा' जैसी कविता का सार्वजनिक प्रसंग और 'एक नीबू के पीछे' जैसी निजी जीवन की घटना को, अपनी सहज संवेदना में घुलाते हुए, जब चन्द्रकान्त कविता लिखता है, तो इन प्रसंगों की उजागर स्थानिकता के बावजूद, वह हमें महसूस कराता है, कि ऐसे प्रसंग सभ्यता और विकास के ऐतिहासिक परिप्रेक्ष्य को, हमारे भीतर अनुभव की तात्कालिकता के साथ सक्रिय करते हैं, और हम उन्हें एक तरह की आन्तरिक बेचैनी में घिरकर ही पढ़ पाते हैं। पूँजीवादी विकास की नृशंसता को, हर कहीं अपने विस्तृत ब्यौरों में दर्ज करनेवाला चन्द्रकान्त, अपने ही वर्ग के शालीन सभ्य लोगों के दैनिक व्यवहार में अन्तर्निहित क्रूरता को भी, उतनी ही बेबाकी के साथ लिखता है। पर यहाँ भी उसकी सन्तुलित कवि-दृष्टि, उसे एक ओर महज़ भावुकता से, और दूसरी उस अमूर्तन, सारांशीकरण और सरलीकरण से भी बराबर बचाये रखती है, जिसके चलते घटनाओं की प्रतिक्रिया में लिखी गयी अनेक कविताएँ, आनुभविक तात्कालिकता के साथ पाठक तक नहीं पहुँच पातीं। एक उदाहरण लें :

> सब्ज़ी बेचनेवाली डोकरी
> मेवा मम्माय कहके जिसे पुकारते हैं बस्ती के बच्चे
> गिड़गिड़ा रही है, कोई ख़रीद ले
> उसके काँसे की बटलोई और ताँबे की गंगाल
> उसके चेहरे की झुर्रियों से
> टपक रही है विह्वलता
> पता नहीं होने के वृक्ष की
> टहनियाँ टूट रही हैं
> या उखाड़ दी गयी हैं
> मायके के आँगन की दहलीज़

अपनी जड़ों से उखड़ते हुए और निरीह पशुओं की तरह अनजान जगहों की ओर धकेले जाते हुए, विस्थापितों की त्रासदी को और उनके जानलेवा आस्तित्विक संघर्ष को, किसी बुद्धिजीवी कवि की दक्ष भाषा से बिलकुल अलग, वह ऐसे करुण बिम्बों में लिखता है, कि क़तार दर क़तार उभरते

चित्रों से वह न सिर्फ़ हमें उस जगह से परिचित कराता है, बल्कि इसके साथ-साथ हम यह भी महसूस करते हैं, कि विकास के इस नये इतिहास के प्रसंगों को, वह स्मृति की एक ऐसी भाषा में लिख रहा है, जिसका हमारी निजी स्मृतियों से एक सहज और गहरा रिश्ता है। ज़ाहिर है, कि उसकी कविता की स्थानिकता महज़ देखने के कौशल से ही सम्भव नहीं हुई है, बल्कि उसमें किसी स्थान विशेष को, पाठकों के अन्तर्मन में रची-बसी जगहों में बदल सकने की एक कीमियागीरी जैसी कल्पनाशीलता है। उन ब्यौरों में हम, रोज़-रोज़ किसी न किसी वजह से अपनी जड़ों से उखड़ते असंख्य लोगों के दुखों और संघर्षों से न सिर्फ़ परिचित होते हैं, बल्कि अपने भीतरी भावोद्रेक और विचारोत्तेजन की प्रक्रिया में, अपनी ही स्मृतियों के दबाव पर, अपने संवेदनात्मक विस्तार की कोशिश के लिए उद्धृत भी होते हैं।

चन्द्रकान्त की कविताएँ उसकी रचना-प्रक्रिया को ही मूर्त करती कविताएँ हैं। ख़ासकर इस अर्थ में, कि इन्हें पढ़ते हुए हम उसका वह चेहरा रू-ब-रू देखते हैं, जो आमतौर पर नज़र नहीं आता। उसकी अन्दरूनी बेचैनी के सन्दर्भों की विविधता ही नहीं, बल्कि उसकी रचनाकालीन मनोदशा की तीव्रता या मन्दता की पहचान कराती, उसकी इन कविताओं में, उसके दुख की कई रंगतें हैं। पारिवारिक स्मृतियों के बीच कहीं उसका अकेलापन है, धीरे-धीरे मन को लगातार मथती, उम्मीद या नाउम्मीदी की भाषा है, तो कहीं बार-बार अन्तर्जीवन से बाहर के कठिन संघर्ष की ओर उन्मुख होती एक बेचैन पुकार सी आवाज़, जो उसकी सारी लिखत में असम्भव निरन्तरता के साथ, हमेशा ही सक्रिय रही है। हर कहीं उसकी भाषा में एक निष्कपट और दो-टूक 'कनफैशन' है। मसलन, एक कविता में अपनी पस्ती और थकान को लिखते हुए वह कहता है :

शायद मैं उस अँधेरे की तरह हूँ
जिसे छिपाने के लिए
मैं ही जला रहा हूँ अपनी हँसी की मोमबत्ती
नाउम्मीदी की भविष्यवाणी में
मिले तो मिले मेरी कोई ख़बर
मैं ख़ुद तो अपने बारे में कुछ कह नहीं पा रहा

इस तरह की कविताएँ मनोदशासूचक ही लगती हैं। सम्भवत: विविध विषयों के प्रति उसके संवेदनात्मक आकर्षण के मूल में, एक तरह की तात्कालिकता का दबाव तो रहता ही है, पर उसके बावजूद सोच–विचार का नैतिक मानवीय सन्दर्भ उसके लिए हमेशा से महत्त्वपूर्ण रहा है। उसकी रचना–प्रक्रिया इस विशिष्ट अर्थ में एक तरह की विचार–प्रक्रिया भी है। शायद यही वजह है, कि रचना में उसकी रचना–प्रक्रिया को मूर्त देखते हुए, चेहरों और लोगों से जीवन्त संसार को, हम कवि के अपने ही सुख–दुख की दुनिया की तरह नहीं जानते। उसकी दुनिया लोगों, घटनाओं और संघर्षों से धड़कती एक सचमुच की दुनिया है। रागदीप्त और भावोन्मेषित उसकी इस दुनिया में, अनेक ऐसे चेहरों से हम मिलते हैं, जो हमें निजी जीवन की शिकायतों और असुविधाओं से बाहर खींच लाते हैं। 'मोचीराम की याद का धक्का' 'एक झक्की आदमी' या 'फादर शेलप्पा' जैसी कविताओं में, अगर हम निजी संस्मरणों का कोई रूप देखते हैं, तो यह भी महसूस करते हैं, कि इन यादों में महज़ नॉस्टेल्जिया नहीं है, वह नैतिक संवेदना और वह सतर्क वैचारिकता भी है, जो इन्हें महज़ व्यक्ति या घटना बने रहने नहीं देती। भारतीय मध्यवर्ग की आत्मकेन्द्रित, परिवार–सीमित बौद्धिकता और पत्थरदिली पर लगातार चोट करती उसकी ऐसी कविताओं में यादें, किसी कुशल या मुकम्मल चित्र का रूप धरकर पाठक को रिझाती नहीं हैं। उनकी तात्कालिकता की अनगढ़ता में कोई बात है, कि पाठक उसके विन्यास या उसके वर्णन को, सजीव, सचित्र देखते हुए भी, उसे किसी सराहनीय दूरी की तटस्थता के साथ नहीं पढ़ पाता। इस अर्थ में उसकी ये कविताएँ मानो घमासान में शामिल होने की पुकारों की तरह हमारे भीतर गूँजती रहती हैं।

वास्तव में उसकी भावऊर्जा में अन्तर्निहित स्वत:स्फूर्तता ही शायद लगातार दुहरती ऐसी आवाज़ों को जीवन्त बनाये रखती है। पर यह स्वत:स्फूर्तता भावों के उमड़ पड़ने या न रुक पाने की विवश अनायासता से क़तई अलहदा है। यह एक तरह से शब्दों को, और सम्भवत: सन्दर्भों को भी, उनकी बहुलार्थी और संवेदनागर्भित लयात्मकता में आयत्त करने की कोशिश है, जो भीतर की खरी बेचैनी के बिना शायद सम्भव ही नहीं होती। इसमें भाषिक व्यवहार की चौकसी, सतर्कता या कुशलता इतनी महत्त्वपूर्ण नहीं हो जाती, कि पाठक उसे किसी अतिरिक्त सजग 'निर्मिति' की तरह ही देख सके। दरअसल, अक्सर तो यह पाठक की चौकसी और सतर्कता को

झकझोरती हुई कविता लगती है। चन्द्रकान्त की कविताओं की यह स्वत:स्फूर्तता, कई बार तो मुक्तिबोध की इस पंक्ति की याद दिलाती लगती है, कि नहीं होती कहीं भी ख़त्म कविता नहीं होती, कि वह आवेग त्वरिता कालयात्री है। शायद आवेग त्वरिता होना या बने रहना, कविता का मूलभूत स्वभाव ही है। मानव निर्मिति का उजागर उदाहरण होने के बावजूद, एक तरह की प्राकृतिकता उसमें शुरू से ही सक्रिय रही है। कम से कम चन्द्रकान्त की कविता के बारे में तो यह बात बेखटके कही जा सकती है, कि सभ्यता–समीक्षा और पूँजीवादी विकास की प्रखर आलोचना की उसकी भाषा, स्वत:स्फूर्त आत्मानुभूति के रास्ते ही, कविता का रूप लेती रही है। हम उसके शब्दों को उसकी लय से फूटता हुआ–सा महसूस कर सकते हैं और करते ही हैं।

शायद उसकी प्रेम कविताओं में, लय के भावनात्मक उत्स को थोड़े बेहतर ढंग से समझा जा सकता है। यही नहीं, इन्हें पढ़ते हुए हम उसकी आलोचना की प्रखरता और उसमें अन्तर्निहित व्यंग्य विडम्बना के स्रोत को, इस तरह भी महसूस कर सकते हैं, कि सार्वजनिक संकट के मुद्दों, मसलों पर उसकी तात्कालिक मुखर और स्वाभाविक प्रतिक्रिया की जड़ें भी, सम्भवत: उसके उस प्रेम में ही है, जिसके चलते होने के निजी सुख–दुख की भाषा, एक सहज नैसर्गिक आत्मविस्तार सम्भव करती है। इसके अतिरिक्त यह भी, कि उसकी इस प्रेमानुभूति में, महज़ ऐन्द्रिक सान्निध्य का सौन्दर्य गान या पान नहीं, बल्कि उसकी जिजीविषा को गति देती एक ऐसी लय है, जो प्रेमानुभव को मूल्यचेतना और मूल्य दृष्टि की तरह रचती नज़र आती है :

तुम चाहतीं तो बन जाता मैं भी चतुर दुनियादार
शामिल हो जाता कहीं भी मुखौटे ख़रीदती
भद्रजनों की भीड़ में
पर तुम जतन से पोंछती रहीं
पतझर और कड़वे दिनों के धब्बे
चमकातीं रहीं पत्तियाँ बर्तन और
भीतर की धड़कनों के कोने–कोने
मेरा चेहरा आँखें होंठ
मेरे समूचे होने का असह्य हल्कापन

और आग की तरह दहकते शब्द मेरे
बिखर खो जाते कहीं किसी गुमनाम इलाक़े में
जो नहीं होतीं तुम्हारी
धरती की तरह कड़क मुलायम हथेलियाँ

आत्मकेन्द्रित भारतीय मध्यवर्ग की सुभाषित भद्रता में, हम प्रेमानुभव के जिस रूप को, अपने रोज़मर्रा के अनुभवों में जानते हैं, उससे क़तई अलग और निश्चय ही उससे कहीं ज़्यादा गहरी अनुभूति के दबाव से रची गयी हैं, ये प्रेम कविताएँ। अधिकांशतः दाम्पत्य के सुदीर्घ सान्निध्य पर आधारित, इन कविताओं में एक करुण रोमानीपन से उत्प्रेरित कल्पनाशीलता है, पर यहाँ भी हम पाते हैं, कि यह चाहत का आत्मरत्यात्मक बयान या बखान भर नहीं है। चन्द्रकान्त की कविताओं में हमें पारिवारिक संस्कारशीलता का आत्मीय रूप ही देखने को मिलता है और वह हमें ऐन्द्रिकता के उत्सवों से भिन्न, रोज़मर्रा के जोने के संघर्ष से जोड़ता है। स्त्री के साथ और सहवास को मातृछवि से एकमेक कर देती, इस कल्पनाशीलता की निजता में भी, हमारा यह समय मौजूद है। मुखौटे ख़रीदती भद्रजनों की भीड़ के बीचमबीच रहकर ही, चन्द्रकान्त उस प्रेम को लिखता है, जहाँ स्त्री, जैसे उसे अपने गर्भ की सन्तान की तरह रच और पोस रही है। 'तुम्हारी आँखें', 'तुम्हारी हथेलियों पर', 'मेरे भीतर', 'मैं आता रहूँगा तुम्हारे लिए' जैसी अनेक कविताओं में एक झीने अवसाद से लिपटा उसका प्रेम ही, उसे ऐसी दृष्टि देता है, कि वह आत्मेतर संसार के जानलेवा संघर्ष को, इस तरह देख पाता है, जैसे वह उसके अपने जीवन की अन्तरंगता का अविभाज्य और अपरिहार्य अंग है। बेशक निजता को लिखने के लिए उसकी कल्पनाशीलता, जिस अपेक्षाकृत शान्त लय में गति करती है, गुस्सा, नफ़रत और दो-टूक तथा बेबाक पक्षधरता को लिखते समय वह वैसी की वैसी नहीं बनी रहती। इसीलिए हम यह भी पाते हैं, कि 'पुरी' या 'कोणार्क' जैसी कविताओं में एक सहज विस्मय-बोध से जुड़ा यथार्थ है, पर 'दुनिया का सबसे ग़रीब आदमी' में उसकी कल्पनाशीलता का एक बिलकुल ही अलग रूप है :

लत्ता होगा कितना जर्जर पारदर्शी शरीर पर
पेट में होंगे कितने दाने या घास पत्तियाँ
उसके इर्द-गिर्द कितना घुप्प होगा
कितना जंगल में छिपा जंगल

मृत्यु से कितनी दूरी पर या कितनी नज़दीक होगी
उसकी पता नहीं, कौन सी साँस
किन–किन की फटी आँखों
और बुझे चेहरों के बीच वह
बुदबुदा या चुगला रहा होगा
पता नहीं वह कौन–सा दृश्य किसका नाम

व्यापक जनसमुदाय की त्रासदी पर उसकी त्वरित प्रतिक्रिया को, कविता के विषयों और लयों की विविधता के आधार पर भी समझा जा सकता है और उस बेचैन दीवानगी के माध्यम से भी, जो कविता के भीतर से झाँकती सी लगती है। प्रारम्भ से ही सत्ता और ताक़त के विरुद्ध, कमज़ोरों की आवाज़ को, उनकी जिजीविषा के बहुविध रूपों, रंगों में लिखता हुआ, चन्द्रकान्त आज भी महसूस करता है, कि अगर कवि की कोई राजनीति हो सकती है, तो वह इन करोड़ों लोगों के जीवन से जुड़कर ही हासिल की जा सकती है। विभिन्न प्रसंगों में अपना मुखर आक्रोश, व्यंग्य और प्रतिरोध दर्ज करता हुआ, एक कवि की तरह हमेशा वह यह भी महसूस करता रहा है, कि 'अत्याचार की सरकार' (मुक्तिबोध) का एक सिरा कहीं अपने भीतर भी है। संवेदनात्मक स्तर पर जनोन्मुख राजनीति तभी सम्भव हो पाती है, जब कमज़ोरों की आवाज़ के साथ अपनी आवाज़ मिलाने के पहले, कवि ख़ुद के बारे में सच बोलना सीखे। और जब वह ऐसे किसी संकल्प से सत्ता और ताक़त के प्रतिपक्ष में शामिल होने की कोई कोशिश करता है, तो यह गहरे में जानता है, कि यह महज़ दूसरों पर अभियोग का मामला भर नहीं है। शायद यहाँ भी मुक्तिबोध की कविता उसे याद रहती है, कि 'सदियों के ख़ूनरंगे क़िस्सों का क़िस्सा, मेरी अन्तरात्मा का अंश, मेरी ज़िन्दगी का हिस्सा।' आत्माभियोगी संशय की इस नैतिक कचोट से ही वह रचता है, यथास्थिति की राजनीति के प्रतिपक्ष की भाषा। बेशक आज के उजागर राजनीतिक परिदृश्य को, वह कहीं भी, क़तई धुँधला नहीं करता।

साम्प्रदायिक फ़ासिज़्म और पूँजीवाद के गठजोड़ को अपनी सतर्क वैचारिकता में ही नहीं, बल्कि अपने रोज़मर्रा के अनुभवों और अपनी संवेदनात्मक बेचैनी में, क़रीब से पहचानते और उससे भिड़ते रहने के कारण, इस मामले में उसकी पक्षधरता और प्रतिबद्धता दो–टूक और बेबाक है। पर हर हालत में यह एक कवि की पक्षधरता है। कवि के भीतर कोई और है, जो उसे

टोकता ही रहता है। उसकी आत्मसजगता और समग्र जीवन को, उसके एक-एक पल को, कविता में उतार लेने की उसकी बेचैनी, उसकी वर्गचेतना को न तो किसी अमूर्तन में धँसने की इज़ाज़त देती है और न इस बात की, कि वह मज़े-मज़े में प्रगतिशील या जनवादी क़िस्म की स्वादिष्ट कविताएँ लिखते रहने के रास्ते पर इत्मीनान से बढ़ता रह सके। उसकी कविता प्रथमत: और अन्तत: बाहर और भीतर के द्वैत को पाटते रहने की एक निरन्तर कोशिश है, और वह जानता है, कि इस असम्भव कोशिश की कविता लिखने के लिए, ख़ुद को कभी और कहीं बरी नहीं किया जा सकता। इसलिए ही सम्भवत: हर कविता की रचना के दौरान, वह यह महसूस करता है कि :

तुम कवि हो, इन पाखण्डियों के लिए
औक़ात बतानेवाला सही शब्द ढूँढ़ो
...   .
मुझे बचानेवाला
मेरी ही आवाज़ के भीतर से निकलता है
खटाक से खुलते चाकू की तरह
दो टुकड़े कर देता है मेरे
एक गड़ा रहता है शर्म में
दूसरा मेरा ही मुझ पर हँसता है व्यंग्य से

समूचे भारतीय मध्यवर्ग में जड़ जमाये इस दुचित्तेपन को झकझोरती, उसकी कविता का मुखर आक्रोश, हमेशा से ही उस करुणार्द्र विवेक, विचार और संवेदना का ही स्वर है, जिसे हम कविता कहते हैं। अपनी कविता की पुकार पर ही वह 'नींद की खपरैलों पर धमाचौकड़ी मचाते कबरबिज्जुओं' और 'भविष्य के रास्तों पर तैनात लकड़बग्घों को पहचानता है।' भूल ग़लती के तहख़ाने से आँख मिलाते हुए 'याद' करता है, अपने विश्वव्यापी कुनबे को और 'दूर-दूर तक लहराते हरे-भरे घास के मैदानों की तरफ़ देखते हुए महसूस करता है, कि हरे घोड़ों की तरह फुदकते, सारे के सारे गाँव के बच्चे' उसके साथ हैं। शायद अपनी हर कविता में वह यही कहना चाहता है कि :

न समझ में आनेवाली चीज़ें थीं हरकत में

पर समझ गया था
धरती को बाँझ बनाने की साज़िशों को सूँघ
जो कह रही थीं रँभाती गायें
पर बछड़ों का विकल हेरना, पुकारना उनकी आँखों का
जीवन-मरण का प्रश्न बन गया है मेरे लिए

भूखण्ड तप रहा है

चन्द्रकान्त देवताले की लम्बी कविता, हिन्दी कविता परम्परा, भाषा का लोकजीवन, आधुनिक गद्य की वैचारिकता और मध्यवर्गीय व्यक्ति की आत्मसजगता से सम्पन्न, एक ऐसी कविता है, जिसे व्यक्ति और समाज की पृथक् चेतना में पढ़ना सम्भव नहीं होता। यह कविता पूरे मन से समाज में जीने-मरने वाले एक ऐसे व्यक्ति की कविता है, जो आधुनिक सभ्यता के प्रसार के इस अन्यायी दौर को, महज़ इस सरल विचार की तरह नहीं जानता, कि अन्याय हो रहा है और उसका प्रतिरोध ज़रूरी है। भूखण्ड के तपने की कथा को, गाँव-घर के झुलसने के दारुण आत्मानुभव के रूप में जानता है, चन्द्रकान्त का कवि, लेकिन इतिहास के एक ख़ास दौर का कवि होने के नाते, वह यह भी जानता है, कि सदाशय आदर्शवाद, या भावुक बयानबाज़ी की भाषा में आज की कविता नहीं लिखी जा सकती। विलक्षण गति और बाँध लेनेवाली संवेदनात्मक तुर्शी के बीच आकार लेती उनकी कविता का सम्बल, उनके मनोलोक की वह गझिनता है, जिसमें वे स्वप्न-दुःस्वप्न, यथार्थ, कल्पना और विवेक विचार को, चित्र-विचित्र भाषा में लिखते हैं। उनकी इस कविता का महत्त्व जनपक्षधरता के कारण जितना है, उससे कहीं ज़्यादा इस कारण है, कि वे अपनी पक्षधरता को अपनी पीड़ा में जानते हैं, और अपनी उस भाषा में भी, जिसके साथ होना, अपने विवेक-विचार की जड़ों में जीना है। इसके अलावा, वे कविता के प्रभाव के क्षेत्र को भी अच्छे से जानते हैं, जैसे कि उसके प्रभाव की प्रक्रिया को। कविता को वे फौरी कार्यवाही के रूप में नहीं लेते, बल्कि उसके उपयोग (फंक्शनलिटी) की जगह की ठोस पहचान की वजह से, उन सभी लोगों को यह कविता सम्बोधित

करते हैं, जो शब्दों के 'चकमक पत्थर' से परिचित हैं और इसलिए जानते हैं :

क्या था एक दिन
काँटेदार झाड़ियों के बीच उन्मत्त होते सर्प युग्मों के सिवा
पछाड़ें खाती हुई बारिश
और नख़ूनों तक से नहीं छँटनेवाले प्रगाढ़ अँधेरे में
किन हाथों ने ढूँढ़ा था, चकमक पत्थर कैसे

... ...

पर अचानक नहीं मिले होंगे शब्द के चकमक पत्थर
रगड़ते जिस्म चट्टान से
मापते धरती वह धूप जब
ब्रह्माण्ड के विस्तार में

और इसीलिए कविता का मामला उनके लिए तमगों और प्रमाण-पत्रों के मामले से भिन्न, उस आदिमता का मामला भी है, जबकि आदमी ने प्रकृति के साहचर्य में, सृजन और संहार के आदिम रूपाकार को अपनी शिराओं में जाना था और अपने संस्कारों में जज़्ब किया था :

क्या वहाँ भी था मैं
जब सारी चीज़ें छिपी हुई थीं
धरती-समुद्र और पहाड़ों के गर्भ में
आग छिपी हुई थी एक साथ
समुद्र के कण्ठ में
पेड़ों की नसों और चट्टानों की आँत में
आग उनके भीतर भी
सुलगती हुई कविता थी
वे अग्नि के बेटे थे
मैं उनका
हँसता है त्रिभुवन
माँ को आटा पीसता देख

त्रिभुवन इस काव्य-कथा का नायक है, या वे सारे शब्द जो त्रिभुवन को घेरे

हैं? वे सारे शब्द जो उसके भीतर घमासान मचाए हुए हैं? वे सारे शब्द, जो बच्चों, बूढ़ों और जवानों की कल्पनाओं और स्मृतियों के विशाल, विकराल समय में, तरह-तरह की मानवेतर उपस्थितियों के बीच जैसे साक्षात दीखते हैं। वे सारे शब्द जो, इस कविता की संरचना को, इरादों की मुखरता के बावजूद, एक ऐसे रूपाकार में रचते हैं, कि हम इस पर सिर्फ़ उस तरह से नहीं सोच सकें, जो कि कवि की, या कविता पर सोचने की मान्य परम्परा की प्रकट या प्रच्छन्न मंशा हो। शब्दों से निर्मित इस अत्यन्त विशिष्ट रूपाकार पर सोचते हुए, मैंने पहले यही सोचा था, कि चन्द्रकान्त की यह लम्बी कविता, बहुत मुकम्मिल और सतर्क शिल्प संयम के साथ लिखी गयी रचना नहीं है और इस मामले में वह मुक्तिबोध तक के वैचारिक संयम से थोड़ी अलग है, थोड़ी ज़्यादा मुक्त। बावजूद इसके कि शुरू के दो खण्डों में चन्द्रकान्त ने यह कोशिश की है, कि उसे ऐतिहासिक चेतना के उस कालक्रम से जोड़ा जाये, जो मार्क्सवादियों के यहाँ काफ़ी प्रचलित और मान्य तरीक़ा रहा है। चन्द्रकान्त के शब्द अवधारणात्मक अवरोधों में अटक नहीं गये हैं, क्योंकि इतिहास विचार उनके लिए अपने बिलकुल क़रीब के दहशतनाक जीवन और बेशक अन्तरंग आत्मीय जीवन के बारे में सोचना है। और यह भी कविता की परम्परापुष्ट, समय-सापेक्ष्य भाषा में सोचना है। कविता की उस भाषा में नहीं, जो पुरखों की स्मृतियों के बरक्स आकार लेते वर्तमान को भुलाकर, बाज़ार की चमक और चौंध के बीच अपनी जगह बना रही है, बल्कि उस भाषा में, जो आत्मसजग स्मृतिसम्पन्न, मगर गहरे और व्यापक अर्थ में एक हिन्दी भाषी की हिन्दी भाषा है। भाषा के भूगोल में उमड़ते-घुमड़ते, चीख़ते-चिल्लाते, कराहते-कूँथते शब्दों को, इतिहास द्वारा रौंदे जाते देखते कवि की मातृभाषा है कविता, जिसे किसी सुस्थिर, सुचिन्तित, सुनिश्चित परिभाषा की जद में सीमित कर लेना मुश्किल ही नहीं असम्भव है।

अभी जब मैं इस कविता के रूपाकार के बारे में थोड़ी दूरी से सोच रहा था, (हालाँकि उसकी किसी भी कविता को दूरी रखकर पढ़ना मुझसे मुमकिन नहीं होता, क्योंकि वे हर कुछ को कविता के भीतर समो लेने की चेष्टा करते विलक्षण कवि हैं) तो मुझे लगा था, कि इसकी लयात्मकता काफ़ी आवर्ती है। जैसे यह कविता किसी सीधी रेखा में नहीं बढ़ रही है, वृत्त के भीतर और बाहर और वृत्त बन रहे हैं। लेकिन क्या इसका कोई केन्द्र है?

यानी ऐसा कोई बिन्दु, जो इस पूरे विन्यास को थामे है? तो मुझे लगा था, कि ऐसा भी नहीं है। बावजूद इसके कि संघर्ष और साभ्यतिक आतंक के बिम्ब, इस कविता में, बार-बार दुहरते हैं, इसे एककेन्द्रिक बहुवृत्तीय रूप में भी पढ़ना मेरे लिए सम्भव नहीं हो सका है। शायद इसलिए, कि इसका भूगोल, व्यापक और बड़ी हद तक अनगढ़ है। शायद इसलिए भी, कि इसके शब्दों का रूपकत्व इसकी गति की अनेक दिशाएँ सुझाता है। शायद इसके लिए झमाझम बरसती बारिश का रूपक ज़्यादा मौजूँ होगा। बारिश की रफ़्तार हर जगह एक-सी नहीं है और कभी-कभी तो यह भी लगता है, कि घुप्प घने बादलों के नीचे अजब सी उमस में हम जी रहे हैं। तब लगता है, कि यह सचमुच 'शब्दों को चखकर देखने' जैसी ही बात है। उन्हें उनकी लगभग आदिमता में इस तरह जानने की बात, जैसे वे ख़ुद-ब-ख़ुद, इस सभ्य संसार की दहशत के बीच, दमदार भरोसे की तरह कवि के मन में निरायास चले आ रहे हों।

शब्दों के एक-दूसरे के नज़दीक आने और एक सम्बन्ध रचने की ऊष्मा ही, इस कविता के सहज, लगभग 'नाइव' विचार को, प्रतिरोध और हस्तक्षेप की भाषा में बदलती है। शब्दों का यह सम्बन्ध कई दीगर कारणों से इस तरह का बन जाता है, कि वह वैचारिक स्तर पर, प्रतिरोध और हस्तक्षेप के रागात्मक परिवेश के निर्माण की सक्रियता सम्भव करे। ऐसा होने का एक कारण तो उसका विशिष्ट भूगोल में स्थित होना है और उसकी यह स्थानिकता किसी सजावटी या छविमय आंचलिकता का उदाहरण नहीं है। निजी स्मृति की निरायास अभिव्यक्ति शायद इस स्थानिकता की दीप्ति और मार्मिकता का प्रमुख कारण है :

तब वह एक बच्चा था
अक्सर घाने की तरफ़ दौड़ता हुआ
आँखें फाड़कर रेलवे चौकी
सिगनल और पटरियों को देखता हुआ
चने चबाता या जुआर की धानी फाँकता
सत्तू के बारे में सोचता
कभी पेड़ से उतरकर
तो कभी नदी से नहाकर आया हुआ
... ...

फिर भी उलीचती लगातार
उगाने को कुटकी
बढ़ाने ऊख
वह पहुँच जाता है जैसे
उतरते हुए अँधेरे के पानी में
और देखता है गढ़ी का शाही दरवाज़ा
हाथियों के मस्तकों को चुनौती देता हुआ

इस स्मृति की क्रियाओं से इसकी स्थानिकता तो प्रत्यक्ष होती ही है : इसके आगे जब वे इस स्मृति को अपनी मूल्यचेतस् वैचारिकता से जोड़ते हुए, क्रूर सामन्ती जीवन को सघन ब्यौरों में उभारते हैं, तो उस चित्र को भी यह स्थानिकता महज़ एक पिष्टोक्ति बन जाने से रोकती है, और इरादे के जाने-माने रूप को भी, कुछ इस तरह से पाठक के सामने रखती है, ताकि वह इसके अर्थ को, अपने निजी अनुभव-बिम्बों में पहचानने की दिशा में आगे बढ़ सके।

ऐसा लगता है, तीव्र आवेग, बेचैनी, नफ़रत, करुणा और उत्कट लगाव की भावगतियों के वाहक उनके शब्द, परम्परासिद्ध, व्याकरणिक विन्यास और काव्य रूढ़ियों तक को जबरन तोड़ने की कोशिश नहीं करते। परम्पराप्रसिद्ध अलंकार, उपमा, रूपक और उत्प्रेक्षा के प्रयोग उनके यहाँ प्रचुरता से मिलते हैं। और जीवन्त बिम्बात्मक ब्यौरे भी। छेड़ने की कोशिश उनके यहाँ कहीं नहीं है। उनकी वक्रता अक्सर ही भावप्रेरित है, जैसे कि उनकी स्फीति। इस मामले में वे मुक्तिबोध के क़रीब हैं और अपने ही समकालीन विनोद कुमार शुक्ल से काफ़ी भिन्न हैं और धूमिल से भी।

आदिमता और सभ्यता की टकराहट तो इस कविता में शुरू से ही मौजूद है, लेकिन आदिमता के हिंस्र या आक्रोशी रूप की सार्थकता, उसके कोमल रूप के साथ-साथ बने रहने में ही है। वास्तव में, कोमल रूप ही, इस कविता में रची-बसी, तीख़ी कड़वी नफ़रत से भरी, सभ्यता और सत्ता की आलोचना के स्वर को, न सिर्फ़ अधिक व्यापक और नानार्थी बनाता है, बल्कि उसे कविता के रास्ते से विचलित भी नहीं होने देता, कि कहीं वह उस आलोचना के बीहड़ में न भटक जाये, जहाँ 'दूसरे' सिर्फ़ 'नरक' की तरह याद आते रहें। कविता के लगभग स्थायी आलोचनात्मक स्वर को

संयमित करने की इस तरह की कोशिश, चन्द्रकान्त के कवि स्वभाव की बुनियादी विशेषताओं में से है। उनकी कविता, जैसा कि मैंने पहले भी कहा, अपने भीतर उमड़ते, बरसते, तमाम शब्दों को चखकर देखनेवाली कविता है :

पीली धूप ने कपास को
दूध से सफ़ेद में जाना होगा एक दिन
और घास पत्तियों के हरे कच्च में
कपास ने कपड़े को पहचाना होगा एक सुबह
...   .

फिर लौट आया अपने मुकाम पर
जहाँ बच्चियों ने तैयार किये थे
क़िला कोट परकोट
सूरज चाँद सितारे
राजा रानी बाग़ बग़ीचे
हाथी घोड़े नौकर चाकर
और सजाया था जिसे
गुलबास गुलतेवड़ी की पंखुरियों
पन्नियों और रंगीन काग़ज़ से
और एक गीत संझा के दरबार का
गूँज रहा था
क्वार के भृंगों को सँवला कर आयी
झुलसी हवा के आकाश में
लयों के थपेड़ों के साथ पूछता हुआ
कौन तोड़ रहा है फूल चम्पे के
कौन गूँथ रहा है हार मेरी माँ?

ये दोनों भिन्न खण्डों से लिये गये अंश हैं, जो सिर्फ़ तकनीकी स्तर पर ही नहीं, बल्कि मार्मिक प्रभाव के स्तर पर भी लयात्मक वैविध्य की सृष्टि करते हैं। ऐसा भी लगता है, कि निजी जीवन प्रसंगों से जुड़ी कोमल स्मृतियाँ, जैसे इस पूरी कविता के अन्यथा आलोचना-उन्मुख रूप को,

निरन्तर शोधती रहती है। याद दिलाती रहती है, कि मनुष्य की निजी दुनिया की बाध्यता ही, उसकी सामाजिक आलोचना का प्रमुख कारक है। शुरू में मैंने जो पंक्तियाँ उद्धृत की थीं, उसमें आटा पीसती माँ का ज़िक्र, एक झटके के साथ काव्याशय को नया मोड़ देता है। इस कविता के लगभग आख़िर में भी, माँ है, लोहा करने के लिए इस्त्री में आग भरती हुई। उसके पहले वह 'बरसों' से बरसों को सूप में फटक रही है, आँखें गड़ाकर ढूँढ़ रही है सुख की गुम गयी सुई एक। इसके अलावा मौसी है, खाट के टूटे अदवान देखती, आजी है, दौड़ती, चीखती, दहलाती नानी है, अत्याचार के स्मृति चित्र में अपसगुन से क़ातर, नाती की सुरक्षा को आतुर :

जब गोरे ने सन्दूक फेंक दी थी पिता की
इटारसी जंक्शन पर
वह छटपटाकर रोया था उस शाम
जब मिट्टी की हाँड़ी में चुड़ती कुटकी
भाजी चने की
कोठे में रँभाती गायों से
कन्दराती मँझोटे में नानी
माँ को पुकारती
कबरबिज्जू चढ़ आये हैं ढाबे पर
बेटे को बघनख पहना दे

कोमलता का केन्द्रीय सन्दर्भ है परिवार। चन्द्रकान्त की इस लम्बी कविता में, जो कि हिन्दी की दीगर घरेलू कविताओं की तरह शान्त, सुन्दर, सुखद और संयमित नहीं है, पारिवारिक सन्दर्भ का यह स्वतःस्फूर्त विन्यास, पूरी कविता की भावगति के सिलसिले में ही अर्थवान् नहीं, बल्कि विचार की दृष्टि से भी महत्त्वपूर्ण है। मानव सम्बन्धों की ठोस पहचान परिवार में ही होती है, पर आमतौर पर परिवार में रहने, जीने के अनुभव को, शेष संसार में हो रहे घमासान से अलग-थलग रखकर ही, विशेषीकृत किया जाता है। पारिवारिक या निजी कविता को, एक अलग श्रेणी के रूप में देखने का आग्रह, हिन्दी आलोचना में एकाधिक बार किया गया है। लेकिन इस लम्बी कविता में परिवार और संसार के द्वैत को ख़त्म करने की कोशिश है, यानी कि उनके अलग-थलग बने रहने की वजह से उपजे द्वैत को। कविता के

संस्कारवन्त विवेक में यह धारणा (जो कि धारणा ही नहीं, बल्कि जीवनानुभव भी है) लगभग मुकम्मिल है, कि अपनी मुक्ति के रास्ते अकेले में नहीं मिलते। सच तो यह है, कि अकेले कुछ नहीं होता, चाहे वह अकेलापन कितना ही अभिमन्त्रित क्यों न हो। अगर हम कविता के आलोचनात्मक स्वर पर सोचें, तो महसूस करेंगे, कि परिवार से बाहर ली गयी यह छलाँग भी आख़िरकार परिवार में बने रहने की इच्छाओं से ही सम्भव हो सकी है।

इसके अलावा मुझे यह भी लगता है, कि इस कविता में औरत, आद्यन्त संगीत के अन्तःस्वर की तरह सक्रिय है और इसलिए प्रेम और नफ़रत के तारों का लगातार झंकृत होना है। उत्साह और मस्ती के अनेक भावरूप है, उसी तरह स्त्री के अनेक चित्र भी। माँ, नानी, आजी, बेटी और पत्नी, जिसके बारे में एक स्थल पर त्रिभुवन सोचता है :

> वह देखता है अपनी पत्नी को
> जैसे वह मौसम के टेलीफ़ोन बूथ में खड़ी है
> कोहरे में नम्बर मिलाती हुई कहीं
> इन्तज़ार करती है
> सफ़ेद धुले उजले दिनों का
> तभी फागुन की खिड़की में टेसू दहकने लगे
> वह खिलखिल हँसी
> जैसे झरने का अनुवाद करती हो
> फिर एड़ी से किसने घिसने लगी वक़्त
> बेरहमी से मेथी काटती
> वह सपनों के बीच रौंदती है हक़ीक़त

लेकिन स्वयं कवि इस हक़ीक़त को अपने रोम-रोम में जानता है। उसे लिखने के लिए ही वह बाहर के उस संसार में पैठना चाहता है, जिसने घर का नाकनक़्श मिटाकर बंजर कर दिया है और अपनी अन्तर्दृष्टि के चलते वह भी जानता है, कि अचानक ही बाहर चारों तरफ़ उजड़े बबूलों-सी देह पर नीले काँटे नहीं उग आये हैं। बार-बार उसकी आँखों तक दौड़ आने वाला ख़ून, बिला वजह नहीं है। और इसलिए इस नये 'राज' के करुणाहीन दहशतनाक रूप को, पहले इतिहास में और बाद में राज-काज की उन संस्थाओं में मूर्त होता देखता है, कि जिन संस्थाओं ने उसकी अपनी आजी

को गोंडपट्टी के मंगलवारी हाट से, दौड़ती चीख़ती घर भागने को मजबूर कर दिया था। मसलन, सरकार के बारे में वह कहता है :

कहाँ है सरकार
कर रही है क्या इस वक़्त
फ़सलों और पानी के भीषण पक्षपात में
कहा उसने
जो कुछ घट रहा छाती पर
वक़्त और धरती और आदमी की
वह सब सरकार है
दीमक के तराजू में ख़रीदती–बेचती
आदमी के सत को निचोड़ती
ग़ायब चीज़ों में धँसती
प्रकट ठेकों में उछलती

दीमक की तराजू में ख़रीदती, बेचती सरकार और उसकी कृपा पर सुरसा के मुँह की तरह बढ़ता वह बाज़ार, कविता की आलोचना और कविता को एकमेक कर देता है, लेकिन उसकी आत्मसजगता मन्द नहीं पड़ती, क्योंकि आलोचना कविता के स्वभाव में घुली है। शायद इसलिए भी, कि शुरुआती दौर से ही यह खड़ी बोली का अपना भी स्वभाव रहा है। कवि इस तथ्य को सीने में दहकते अनुभव की तरह जानता है, कि इस सरकार का रूप, उसकी ताक़त, उसकी कार्यवाही को, भाषा की अमलिन सरलता में नहीं लिखा जा सकता। इसी अर्थ में यह कविता निरा एकालाप नहीं है। वह सब जानते व्यक्ति द्वारा मुकम्मिल संवाद भी नहीं है। और शायद भाषा के मोर्चे पर, उसका संग्राम कला की किसी स्थिर स्वयंपूर्णता में क़ैद नहीं है। उसकी रचना में बार–बार दुहरते अन्याय के सन्दर्भ चेहराहीन नहीं है। वह तरह–तरह के विन्यास में अन्याय के अतीत और वर्तमानकालिक रूपों को पकड़ता है, क्योंकि उसे पता है, कि बीसवीं सदी के इस ख़ास दौर में, न्याय और अन्याय का निर्णय करने वाला न्यायाधीश विचारक, ख़ुद बहुरुपिया है :

न्याय उपस्थित होता है बहुरुपिये का चेहरा पहनकर
मौसम के अपने–अपने आईनों में

सत्य को विद्रूप करता हुआ
ड्राइंगरूम के नीचे, वातानुकूलित तहख़ानों में
तस्करों ने उगा लिये हैं धातु के कल्पवृक्ष
टेलीप्रिन्टर अमृत कलश हेलीकॉप्टर की उड़नपट्टी
सब कुछ सजाकर मेज़ पर
वे मेज़ सहित नक़्शा चबा रहे हैं

इस रूपकीय रेटरिक में ही यह पूरी कविता लिखी गयी है। इसकी दीर्घता का कारण अनुभवों का सम्पुंजन है। यह वर्गपहेली, या कूटकविता की तरह जटिल कविता नहीं है, बल्कि इस सदी के राज्य और सुदूर अतीत के तथाकथित सुखसाज भरे, सामन्त राज को, जीवन्त ब्यौरों में इस तरह उभारने की कोशिश है, जिससे न तो संवेदनात्मक लय ग़ायब हो, और न ही उनकी पहचान किसी अन्यायी सन्दर्भ को 'सार' की तरह और महज़ सार की तरह प्रस्तुत करें। अन्याय के विशिष्ट आज के रूप को लिखते हुए, वे मूर्तन और अमूर्तन दोनों ही तरीक़ों का इस्तेमाल करते हैं, लेकिन हर हालत में पाठक की स्मृति और कल्पना को उकसाते हैं। उदाहरण के लिए, राजतन्त्र के सबसे भयानक रूप लालफीताशाही और नौकरशाही को, वे इस तरह के रूपक में बाँधते हैं :

ख़ाकी पंख फड़फड़ा रहे थे
और काले हरूफ के उड़ेलनेवाले घोड़े
अपनी रौंद देने वाली चाल से, नगरों क़स्बों और गाँवों
और हर कहीं जहाँ चिड़िया का बच्चा तक था
दौड़ते जा रहे थे
छतों और खिड़कियों और मेज़ों से कूदते हुए घोड़े
टेलीफ़ोन के चोगों मुँह के सूराखों और जेबों से
निकलकर दौड़ते हुए घोड़े
ख़ाकी काले कत्थई और मटमैले घोड़े
घोड़ों के आतंक के दृश्य में
एक अदृश्य मकड़ी सुनहरा जाल बुन रही थी

विषय की स्पष्टता के बावजूद यह एक ऐसा रूपक है, जो रफ़्तार की इस सभ्यता के अत्याचार को, अपने चारों तरफ़ देखकर फिर से पहचानने को

उकसाता है, बल्कि लगभग मजबूर करता है, कि कविता की इस रूपकीय अतिरंजना को, संस्कृति के विविध क्षेत्रों में, ज्ञान की नहीं, या अर्थ विश्लेषण की भी नहीं, बल्कि अनुभव दीप्त की वाग्मिता की भाषा में पढ़ने की शुरुआत हो।

चन्द्रकान्त अपने वर्ग के अनुभव को नकारते नहीं। उनकी पूरी कविता इस वर्ग के आन्तरिक आन्दोलन की ही कविता है, लेकिन चूँकि वह कविता है, इसलिए वह निरी वर्गचेतना नहीं है। विद्वानों की तरह यह कविता अद्वितीयता की धारणा की कविता नहीं है, बल्कि अपनी गति–प्रकृति से खड़ी बोली की महत्त्वपूर्ण लम्बी कविताओं की याद दिलानेवाली ऐसी कविता है, जो शताब्दी के जीवन को, पूरी तरह से शब्दों में उतार लेने की असम्भव कोशिश करती है। बीसवीं सदी की लम्बी कविताएँ, शायद एक लम्बे सिलसिले की तरह याद की जा सकती हैं और इस सुदीर्घ रचना–यात्रा में चन्द्रकान्त की यह कविता, आख़िर तक शायद यही सवाल करती रहेगी :

> कौन सी चीज़ें हैं
> बाहर की, देह से दूर
> हवा और सौरमण्डल की
> ... ...
> और आदमी के भीतर की सभी मंज़िलों के
> सभी ख़ानों में
> पाँव की बिवाइयों से लेकर
> आमाशय और मस्तिष्क की परतों के भीतर तक
> सोचने–समझने की खिड़की
> और आत्मा के सभी तहख़ानों में
> न्यायाधीशों के शब्द और बजट के दस्तावेज़ों से लेकर
> थाली की रोटी और तन को ढकते कपड़ों तक के बीच
> वे कौन सी चीज़ें हैं
> जो आदमी को आदमी नहीं रहने देतीं

और यह सवाल, त्रिभुवन से उसकी बेटी ने पूछा था।